성·경·속·논·리·따·라·잡·기

논술을 위한 논리

지은이 신충훈 박사

 아가페문화사

REJOICING LOGICS IN THE BIBLE

by
Chung Hoon, Shin

2006
Agape Culture Publishing Company
Seoul, Korea

성·경·속·논·리·따·라·잡·기
논술을 위한 논리
•
REJOICING
LOGICS IN THE BIBLE

추천의 말씀

조신권(연세대학교 교수)

성경은 "생명의 샘"(a fountain of life, 잠 16:22)이라 할 수 있습니다. 샘물이 자연의 생명력이 되고 생산력으로 작용하듯이 하나님의 말씀은 영적 또는 정신적 생명력이요 생산력이 된다고 할 수 있습니다. 성경은 깊은 우물과 같습니다. 그러나 슬기로운 사람은 그것을 길어올릴 수 있습니다. 그래서 "사람의 마음 속에 있는 생각은 깊은 우물 같으나 슬기로운 사람은 그것을 길어올린다."(잠 20:3)라고 하였고, "명철한 사람의 말은 깊은 물과 같고 지혜의 샘은 솟아오르는 시내와 같다."(잠 18 : 4)라 하였습니다. 슬기로운 사람은 그 깊은 우물에서 예술을 길어올릴 수도 있고, 생명과학의 진리를 길어올릴 수도 있으며, 법도와 지혜를 길어올릴 수도 있습니다.

필자는 성경 가운데서 문학적 아름다움을 찾아보려고 육십 평생 지금까지 애써오고 있지만, 저자는 거기서 논리를 찾아 보려고 애쓰고 있습니다. 이제 시작이니까 앞으로 더욱 흥미있고 유익한 글들이 쏟아져 나오리라고 믿습니다. 저자가 제1장 서두에서 정의하고 있듯이, "논리란 자신의 생각을 말이나 글로 짜임새 있게 객관적으로 표출하는 사고의 방법"이라고 할 수 있습니다. 논리적 사고를 갖는 사람은 그가 세운 목표에 대한 일관된 생각과 행동을 갖출 수 있게 되고, 따라서 그는 감정적인 판단과 구태의연한 모습에서 벗어날 수 있으며, 목표 달성을 용이하게 할 수 있게 되므로 창조적

추천의 말씀

인 생활을 누릴 수 있게 됩니다. 더욱 성경 말씀을 가지고 논리적인 개념을 고찰해 볼 수 있는 사람은 거기서 넘치는 지혜와 풍성한 생활의 지침과 창조적 생명력을 얻을 수 있을 것입니다.

 사실상 하나님의 말씀은 논리를 초월한 세계라 할 수 있습니다. 이 말은 성경에는 우리 인간들의 한정된 논리만으로는 설명하기 불가능한 이적과 기사 등 수많은 초능력적인 사건들이 기록되어 있다는 뜻이기도 합니다. 그렇다고 해서 성경이 비논리적인 책이라는 뜻은 결코 아닙니다. 성경에는 논리를 초월한 기록도 많이 있지만, 바울의 글들은 대부분 논리적입니다. 그의 서신 가운데서 『로마서』나 『갈라디아서』 같은 책은 차돌처럼 단단하고 칡뿌리처럼 얽혀 있어서 "차돌 로마"니 또는 "칡 갈라디아"니 하는 별명까지 붙을 정도로 그 전체 교리가 논리적이고 변증법적으로 전개되어 있습니다. 그러므로 논리라고 하는 연모를 갖추지 않고서는 성경의 보광(寶鑛)을 깊이 파들어 갈 수 없습니다.

 이 책의 저자 신충훈 선생은 미래의 언어 학자입니다. 언어를 깊이 연구하다 보니까 자연 그 속에 담겨 있는 논리에 관심을 갖게 되었을 것이고, 더욱 그는 신실한 기독 지성인이므로 그 논리를 성경 가운데서 찾아보려고 노력을 기울이게 되었을 것입니다. 실로 이 매우 귀중하고 유익한 작업은 성경과 학문을 연계시켜 보려 하는 신앙인들에게는 큰 힘과 도전이 되고 매우 고무적인 이벤트로 부각될 것입니다. 따라서 이 책을 정독하게 되면 하나님 말씀도 묵상할 수 있고 논리도 생각할 수 있어서 일석이조(一石二鳥)의 이득을 얻을 수 있습니다.

 논술 고사를 준비하는 기독 학생들이 보면 논리 공부도 되고 자칫하면 수험준비에 쫓겨 성경을 멀리 할 수 있는 위기를 극복할 수도 있을 것입니다. 나는 이 책을 이런 기독 학생들에게 권하고 싶습니다. 또한 신대원 학생이나 현직 목사님들이 읽게 되면, 앞서 이미 말한 바와 같이, 목회자로서 그릇된 감정적인 판단에서 벗어날 수 있고 창조적인 역동성을 발휘할 수 있게 되리라고 믿습니다. 전체가 7장으로 구성되어 있는 데 각 장의 다양한 설명 끝에는 "논리 요해"가 있어서 논리적 개념을 쉽게 파악할 수 있고, 그 예문들은 전부 성경에서 가려 뽑은 것이어서 대단히 흥미 있고 새로운 은혜와 깨달음도 줍니다. 그래서 이 좋은 책을 쓴 저자의 노고를 치하하며 일독을 기독인들에게 권하는 바입니다.

서문 (序文)

　수심(水深)이 깊은 심해의 바다 밑에서 엄청난 수압을 이겨내며 잠수부들이 열심히 작업을 하고 있습니다. 이들은 엄청난 수압과 산소 부족 때문에 빠른 시간 내에 깊은 물 속에서 벗어나 수면 위로 올라가야만 합니다. 그러나 심해의 바다 속에서는 햇볕이 들지 않아 캄캄할 뿐만 아니라 수압을 비롯한 열악한 환경 때문에 자칫 방향감각을 잃어버릴 수가 있습니다. 따라서 위로 올라가지 못하고 엉뚱한 곳으로 가는 경우가 종종 있습니다. 자칫 잘못하면 방향 감각을 상실하여 더욱 깊은 곳으로 들어가는 경우도 발생합니다. 만일 여러분이 이러한 상황 속에 있다면 어떻게 방향을 판단하겠습니까? 이러한 경우에 노련한 잠수부들은 자신들이 호흡하여 생겨난 공기 방울이 올라가는 방향을 보고서 위와 아래를 정확히 판단하여 어려움에서 벗어날 수가 있습니다.

　이처럼 논리는 오늘날 우리 모든 사람들의 생활 속에 늘 가까이 있습니다. 이런 점에서 그리스도인들도 예외가 아닙니다. 그렇기 때문에 우리 신앙인들이 늘 가까이 하는 성경 말씀 속에서 논리적인 개념을 찾아보려고 노력하였습니다. 왜냐하면 성경은 하나님의 말씀이며, 예수님을 구세주로 고백하는 성도들을 바른 길로 인도하는 생활의 규범이기 때문입니다.

　따라서 시대를 초월하여 많은 사람들이 성경을 읽으면서 감동을 얻었고, 그 안에서 삶의 지혜를 깨달아 왔습니다. 성경은 모든 크리스천에게 대단히 소중한 책인 것이 분명합니다. 어거스틴과 마르틴 루터와 같은 많은 역사적인 인물들의 생애가 이를 뒷받침하여 줍니다. 시대의 방랑자였던 어거스틴은 어머님의 기도의 뒷받침 속에서 성경 말씀에 감동을 받아 중세의 정신세계를 이끌어 간 훌륭한 성자(聖者)로 거듭났습니다. 마르틴 루터도 성경책을 읽는 중에 "의인은 믿음으로 말미암아 살리라"는 성구에 큰 감동을 받고 종교개혁의 기초적인 토대를 마련하였습니다. 더욱 놀라운 것은 성경을 통하여 변화를 받은 인물들이 옛 시대에만 국한된 것이 아니라는 사실입니다. 오늘날에도 이러한 역사가 계속되고 있기에 성경은 더욱 놀랄 만한 책이라고 할 수 있습니다. 이처럼 시대를 초월하여 사람을 변화시키는 능력이 있는 성경 말씀을 어느 하나의 관점으로만 바라본다는 것은 조심스럽기 그지없습니다. 이러한 이유 때문에 성경 말씀을 가지고 논리를 설명하는 것을 망설였습니다.

그러나 우리가 알고 있는 조그마한 지식조차도 성경 말씀 속에서 확인할 수 있다면, 아마도 말씀의 감동은 더욱 클 것이라는 확신이 있었기에 이 책을 쓰게 되었습니다. 엄밀히 말하자면 성경은 초논리적인 책이라고 할 수 있습니다. 이 말은 성경에는 우리 인간들의 한정된 논리만으로는 설명하기에 불가능한 이적과 기사등 수많은 초능력적인 사건들이 기록되어 있다는 뜻이기도 합니다. 즉 성경에는 창세기의 천지창조 사건에서 부터, 예수님의 탄생과 부활 승천, 그리고 앞으로 다가올 세상 끝날에 관한 기록에 이르기까지 이적과 기적들이 이루 헤아릴 수 없을 정도로 많이 기록되어 있습니다. 그렇다고 해서 성경이 비논리적인 책이라는 뜻은 결코 아닙니다. 오

서문

히려 우리 사람들의 이성과 논리가 아직도 성경에 기록된 사건들을 따라잡지 못하고 있다는 뜻입니다. 왜냐하면 오늘날의 논리는 명제적인 언어에만 국한되어 있기 때문입니다. 성경 말씀을 가지고 논리적 개념을 고찰해 볼 수 있다면 더욱 유익하리라고 믿습니다. 말씀도 묵상하고 논리도 생각할 수 있어 정말로 신나는 논리를 만들고 싶어 이 책을 쓰게 되었습니다. 갈수록 논술이 중요한 시대입니다. 어떤 문제에 대하여 상대방을 합리적으로 설득시키는 방식이 요구되는 사회입니다. 미흡하지만 논술 단락을 추가하여 새로운 내용으로 증보하였습니다. 아무쪼록 지적하고 격려해 주신 분들께 감사드립니다.

  이 책은 서울대학교 언어학과 교수님들과 총신대 및 신학대학원 교수님들의 가르침에 힘입은 바가 큽니다. 가르침을 주신 은사님들께 깊은 감사를 드립니다. 논술 부분에 도움을 주신 총신대학교 정규훈 교수님께도 감사드립니다. 또한 이 책의 내용을 쉽게 이해할 수 있도록 조언과 함께 기꺼이 삽화와 도표를 그려 주신 장예지 전도사님과 늘 직언을 서슴치 않고 기도로 돌보아 준 아내에게도 마음에서 우러나는 감사의 말을 전합니다. 또한 이 책의 출판을 허락해 주신 아가페문화사의 김영무 목사님께 감사드립니다. 또한 미흡한 부분은 앞으로도 계속하여 보충할 것을 독자 여러분들에게 약속드리면서 인사에 대신합니다.

2006. 9. 10

지은이 신 충 훈

차 례

추천사 · 6
서 문 · 9

제1장 생활과 논리

무화과나무의 비유 · 17 · 논리의 정의
나아만 장군의 분노 · 22 · 논리와 창조성
솔로몬 왕의 재판 · 27 · 생활 속의 논리적 지혜

제2장 개념과 언어

언어를 혼잡하게 하시고 · 33 · 언어의 중요성
밤에 찾아온 손님 · 36 · 언어와 개념표현
각 생물을 일컫는 바 · 39 · 개념과 지시
남자의 머리 · 44 · 다의어
주의 법도를 사모하오니 · 47 · 동의어
범사에 기한이 있고 · 52 · 반의어와 모순개념
여호와를 인하여 즐거워하며 · 61 · 포의어와 상위개념
안식일을 거룩히 지키라 · 65 · 언어의 모호성

제3장 명제와 논리

하나님 앞에 의인이니 · 71 · 명제
실로암의 망대 · 74 · 전칭명제와 특칭명제
사랑의 송가 · 79 · 명사(名辭)의 속성
요셉의 꿈과 실현 · 81 · 긍정명제와 부정명제
죽은 자의 부활 · 84 · 참과 거짓
복음전파의 사명자 · 87 · 외연과 내포

제4장 추리와 사고의 법칙

바리새인들의 비방 · 91 · 추리

포도원 소작인의 비유 · 94 · 추리의 유형
영원토록 동일하시니라 · 99 · 동일률
지혜없는 자같이 말고 · 102 · 모순율
빛과 어둠이 어찌 사귀며 · 105 · 배중률

제5장 논리와 추리 1—연역 추리

사랑의 간구 · 109 · 연역 추리
포도나무와 가지 · 111 · 직접 추리
여름이 가까우면 · 115 · 직접 추리의 종류1
그의 말씀을 지키는 자 · 121 · 직접 추리의 종류2
나는 선한 목자라 · 127 · 간접 추리: 삼단 논법
할례시냐 무할례시냐 · 130 · 선언 추리
믿음의 권고 · 133 · 연언 추리
행함이 없는 믿음 · 135 · 조건 추리
너희는 세상의 빛이라 · 139 · 관계 추리
너를 인하여 복을 받으리라 · 142 · 생략 삼단 논법

제6장 논리와 추리 2—귀납 추리

선한 사마리아인의 비유 · 147 · 귀납 추리
음식에 관한 정결법 · 151 · 통계적 추리
큰 잔치의 비유 · 156 · 인과적 추리 : 일치법
세리의 기도 · 160 · 인과적 추리 : 차이법
구하는 이마다 받을 것이요 · 163 · 유비 추리
씨 뿌리는 비유 · 166 · 공변추리
삼손과 나실인 · 170 · 잉여추리

제7장 논리와 오류

주 너의 하나님을 시험치 말라 · 175 · 오류에 관하여
나사렛에서의 예수님 · 178 · 논점무관의 오류1 : 인신공격의 오류
가인과 아벨 · 180 · 논점무관의 오류2 : 일탈의 오류

하나님께서 정하신 세상	· 183 ·	선후를 인과로 혼동하는 오류	
스스로 분쟁하는 나라	· 185 ·	전제 가정의 오류	
마귀의 시험	· 187 ·	무지에 의거하는 오류	
날 때부터 소경된 사람	· 189 ·	연상의 오류	
욥과 친구들의 변론	· 192 ·	순환 논증의 오류	
무슨 선한 것이 날 수 있느냐?	· 196 ·	조소의 오류	
삼겹줄은 쉽게 끊어지지 아니하느니라	· 199 ·	분리와 결합의 오류	
우리가 아브라함의 자손이라	· 203 ·	권위에 근거한 오류	

제 8장 논리와 문장

주의 백성에게 복을 내리소서	· 207 ·	한국어 기본문형	
나는 재를 양식같이 먹으며	· 214 ·	논술문과 문예문의 언어적 차이	
그 이름을 만나라 하였으며	· 218 ·	동일성의 확인 (설명문)	
올라가서 그 땅을 취하자	· 221 ·	장면에 대한 지배적 인상 (묘사문)	
달란트의 비유	· 225 ·	사건의 기술 (서사문)	
귀히 쓰는 그릇이 되어	· 231 ·	합리적 설득 (논술문)	

제 9장 논리와 표현

여호와는 나의 목자시니	· 236 ·	문제 제기 및 주제 내세우기(서론)	
아브라함이 이삭을 낳고	· 239 ·	계층적 구조를 이미지화 (본론1)	
싸움을 돋우는 자가 왔는데	· 243 ·	연결성의 원리 (본론2)	
여호와께 순종하면	· 248 ·	통일성의 원리 (본론3)	
너로 아름다운 땅에 이르게 하시나니	· 252 ·	강조성의 원리 (본론4)	
내 뜻에는 그냥 지내는 것이 복이 있다	· 256 ·	내용의 요약과 주장의 강조(결론)	

제 10장 논술을 위한 생활 속의 준비

그들의 열매로 그들을 알지니	· 261 ·	삶의 전체가 논리 학습장 (삶과 논리1)	
이렇게 쓰노라	· 264 ·	논리는 글쓰기 버릇에서부터 시작 (삶과 논리2)	
알고 있는 바를 더 확실하게	· 267 ·	생각하기로서의 글쓰기 (삶과 논리3)	

성·경·속·논·리·따·라·잡·기
논술을 위한 논리
•
*REJOICING
LOGICS IN THE BIBLE*

제1장 생활과 논리

논리란 무엇일까요?
생활 속에서 왜 논리가 필요한 것일까요?
논리적 사고는 창조적인 생활에 어떤 영향을 미치나요?
생활 환경과 논리는 어떤 관련이 있을까요?
과연 신앙생활에도 논리가 필요한가요?
이러한 질문들은 논리와 관련하여 사람들이 가지고 있는 의문점들입니다.
논리란 자신의 생각을 말이나 글로 짜임새 있게
객관적으로 표출하는 사고의 방법이라고 할 수 있습니다.
논리적 사고를 갖게 되면, 목표에 대한
일관된 생각과 행동을 갖춤으로써
우리는 감정적인 판단과 구태의연한 모습에서 벗어나게 됩니다.
때문에 목표 달성을 용이하게 하여 창조적 생활을 누리게 됩니다.
우리가 생활하는 모든 곳이 지혜와 논리의 학습장입니다.
그렇기 때문에 항상 이치를 따져 살펴보는 습관을 생활화하여야 합니다.
이것이 논리 훈련의 첫 걸음이며 바른 신앙생활로 나아가는 지름길입니다.

제1장 생활과 논리

● 무화과나무의 비유 — 논리의 정의

하루는 예수님께서 성전에서 나와서 가실 때에 제자들이 성전 건물을 가리켜 보이려고 나아왔습니다. 그때에 예수님께서 감람산 위에 앉으시자 제자들은 예수님께 다음과 같이 질문을 하였습니다.

"선생님, 주의 임하심과 세상 끝에는 무슨 징조가 있사오리이까?"

이러한 질문에 대하여 예수님은 많은 말씀을 제자들에게 들려주셨습니다. 예수님께서 제자들에게 들려준 세상 끝날에 관한 이 말씀들을 우리는 감람산 강화라고 부릅니다. 다음은 예수님께서 제자들에게 하신 감람산 강화 중의 일부입니다.

"무화과나무의 비유를 배우라.
그 가지가 연하여지고 잎사귀를 내면
여름이 가까운 줄을 아나니 이와 같이
너희도 이 모든 일을 보거든 인자가
가까이 곧 문 앞에 이른 줄을 알라"
(마 24:32-35)

이 말씀에서 보듯이 예수님은 많은 진리들을 주위에서 쉽게 발견할 수 있는 비유를 사용하여 설명하였습니다. 왜 예수님께서는 자주 비유를 사용하였을까요? 그 이유는 아마도 예수님께서 자신의 생각을 사람들에게 사리에 맞게 차근차근 일관성 있게 나타내기 위한 것이 아닐까요?

이스라엘 지역의 날씨는 오늘날 우리 나라의 날씨와는 다릅니다. 이스라엘은 겨울에도 평균기온이 섭씨 20도 정도를 유지하는 아열대 지역에 해당합니다. 따라서 겨울에도 우리 나라와 같은 혹독한 추위는 보기 어렵습니다. 겨울 날씨가 여름과 다른 점은 흐린 날이 많고 비가 자주 내리는 특성을 지니고 있습니다. 그렇기에 겨울은 팔레스타인 나무들이 여름에 취하지 못한 수분을 흡수할 수 있는 아주 좋은 계절입니다. 따라서 팔레스타인 지역의 나무들은 보편적으로 상록수가 많습니다. 하지만 무화과나무의 경우는 다릅니다. 이 나무는 우리 나라의 나무처럼 가을이면 잎이 떨어졌다가 봄이 되면 다시금 가지에 물이 올라 잎을 내기 시작합니다. 그렇게 되면 사람들은 여름이 멀지 않았음을 알게 됩니다. 이와 같이 예수님은 무화과나무의 특성을 이용하여 제자들에게 세상 끝날의 징조에 관하여 말씀해 준 것입니다.

감람산 강화에 나타난 예수님의 논리 전개 과정을 정리하여 봅시다.

제1장 생활과 논리

(대전제) 여름이 가까우면 무화과나무가 잎사귀를 낸다.
(소전제) 무화과나무에 잎사귀가 났다.
───────────────────────────────
(결　론) 그렇기에 여름이 가까웠음을 알 수 있다.

　무심코 지나칠 수 있는 자연현상이지만 예수님은 이처럼 자연 현상의 관찰을 통하여 비유를 가지고 사람들에게 진리를 깨닫게 하는데 사용하셨던 것입니다. 즉 사람들이 다 아는 자연현상을 이용하여 사리에 맞게 차근차근 설명함으로써 사람들이 쉽게 예수님의 말씀을 받아들이게 하였던 것을 알 수가 있습니다.
　여기에서 우리는 논리가 무엇인지를 알 수 있습니다. 논리란 자신의 생각을 말이나 글로 잘못됨이 없이 짜임새 있게 객관적으로 표출하는 것이라고 할 수 있습니다. 이 과정에서 우리가 관찰한 자연 현상이나 생활 속의 경험들을 사용하기도 합니다. 이것을 한마디로 요약하면 "사고의 이치" 혹은 "생각의 방법이나 법칙"이라고 할 수 있습니다.

> ■ ■ ■ **논리요해**
> 　논리는 생각의 방법이나 법칙으로 자신의 생각을 말이나 글로 잘못됨이 없이 짜임새 있게 객관적으로 표출하는 것입니다

어떤 사람들은 논리에 대하여 부정적인 생각을 갖고 있는 것을 보게됩니다.

왜 우리가 생활하는 데에 논리가 필요한 것일까요? 다음의 그림을 보시기 바랍니다.

이 물결 같은 선들을 바라보고 있으면 어떻게 보입니까? 마치 이 선들이 움직이는 것 같이 보이지 않습니까? 이렇게 보이는 이유는 우리의 감각 기관들이 이 무늬를 정확히 파악할 수 없기 때문입니다.

다음의 뮬러—라이어 선이라고 부르는 두개의 직선에서도 동일한 현상이 나타납니다. 이 두개의 직선은 길이가 똑같습니다. 그러나 우리 눈에는 서로 다르게 보입니다. 이는 우리의 감정이나 감각에만 의존하여서는 잘못된 판단을 내릴 수 있음을 보여주는 대표적인 예라고 할 수 있습니다. 이러한 잘못된 판단에서 벗어나기 위해서는 체계적인 논리 훈련을 하여야 합니다. 즉 사람의 감정이나 환경에 좌우되지 않는 객관적으로 짜임새 있는 사고는 저절로 되는 것이 아닙니다. 평소에 논리에 관심을 갖고서 생활 속에서 경험하는 현상들을 논리적으로 바라보는 훈련을 통해서만 가능한 것입니다. 지금부터 논리에 관심을 갖고서 논리를 체계적으로 학습하여

제1장 생활과 논리

논리적 사고를 갖도록 노력합시다.

〈뮬러 라이어 선(線)〉

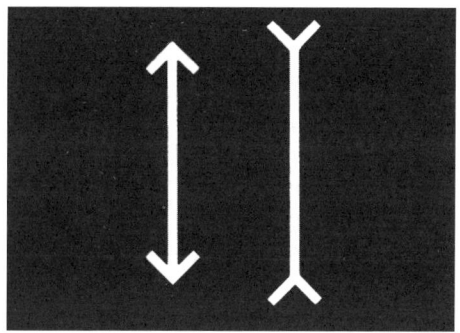

나아만 장군의 분노 — 논리와 창조성

나아만은 군대 장관으로 아람 왕의 큰 용사였습니다. 그러나 불행하게도 그는 문둥병에 걸려 고생을 하고 있었습니다. 그런데 어느 날 그의 아내의 시종인 이스라엘에서 잡아온 계집아이 하나가 주모에게 말하였습니다.

"우리 주인이 사마리아에 계신 선지자 앞에 계셨으면 좋겠나이다. 저가 그 문둥병을 고치리이다"

이 소리는 곧 나아만 장군의 귀에 들어갔고, 그는 이 소리를 듣자 즉시 아람 왕에게 고하였습니다. 아람 왕은 이스라엘 왕에게 글을 보내어 나아만 장군의 문둥병을 고쳐 줄 것을 부탁하였습니다. 그러나 이스라엘 왕은 아람 왕이 자신들에게 시비하는 것으로 알고 고민하며 한탄하게 되었습니다. 이때에 엘리사가 이 소식을 듣고 사람을 보내어 그 사람을 자신에게로 오게 하였습니다. 나아만 장군이 말들과 병거를 거느리고 엘리사의 집 문에 도달하였으나 그를 영접하는 자는 단지 엘리사의 사자(使者)뿐이었고 다른 사람은 아무도 영접하지 않았습니다. 뿐만 아니라 그 사자는 먼 곳에서 온 자신에게 요단강에 내려가서 몸을 일곱번 씻으라는 말만 전하여 주었

제1장 생활과 논리

습니다. 이에 나아만 장군은 크게 분노하였습니다. 다음에 나오는 그의 말을 통하여 우리는 나아만 장군의 분노가 어느 정도였는지를 알 수가 있습니다.

> "내 생각에는 저가 내게로 나아와 서서 그 하나님 여호와의 이름을 부르고 상처 위에 손을 흔들어 문둥병을 고칠까 하였도다.
> 다메섹 강 아마나와 바르발은 이스라엘 모든 강물보다 낫지 아니하냐?
> 내가 거기서 몸을 씻으면 깨끗하게 되지 아니하랴?"

그러나 나아만의 종들은 분개하며 돌아가는 그의 주인에게 다음

과 같이 말하였습니다.

"내 아버지여! 선지자가 당신을 명하여 큰일을 행하라 하였더면 행치 아니하였으리이까? 하물며 당신에게 이르기를 씻어 깨끗하게 하라 함이니이까?"

나아만이 이 말을 듣고 내려가서 엘리사의 말대로 요단강에 일곱 번 몸을 담그니 그 살이 어린아이의 살 같이 깨끗하게 되었습니다.(왕하 5 : 1-14)

〈대화의 내용〉

나아만 장군	종 들
"내 생각에는 저가 내게로 나아와 서서 그 하나님 여호와의 이름을 부르고 상처 위에 손을 흔들어 문둥병을 고칠까 하였도다. 다메섹 강 아마나와 바르발은 이스라엘 모든 강물보다 낫지 아니하냐? 내가 거기서 몸을 씻으면 깨끗하게 되지 아니하랴?"	내 아버지여! 선지자가 당신을 명하여 큰 일을 행하라 하였더면 행치 아니하였으리이까? 하물며 당신에게 이르기를 씻어 깨끗하게 하라 함이니이까?

여러분! 나아만 장군의 대응 방식과 그 종들의 대응 방식에 나타나는 차이점은 무엇입니까? 우리는 나아만 장군의 대응이 대단히

제1장 생활과 논리

감정적이라는 사실을 쉽게 파악할 수가 있습니다. 나아만 장군의 최고의 목표는 문둥병을 치료하는 것입니다. 그러나 나아만 장군은 목표와는 동떨어진 것을 문제로 삼아 대처하고 있는 것을 보게됩니다. 반면에 그의 종들의 대처 방식은 다릅니다. 자신들의 주인에게 현재 최고의 목표가 무엇인지를 환기시켜 줌으로써 주인이 바르게 대처하도록 권면하는 것을 볼 수 있습니다. 논리 훈련이 필요한 이유를 우리는 나아만 장군의 종들이 대처하였던 방법에서 발견할 수가 있습니다. 논리는 나아만 장군의 종들이 대응했던 방식처럼 목표에 대한 일관적인 생각과 행동을 보여주는 것이라고 할 수 있습니다. 이렇게 대처함으로써 우리는 감정과 구습(舊習)에서 벗어나 목표를 향해 더 가까이 나아갈 수가 있습니다. 혹자(或者)중에는 논리를 우리의 생활과는 동떨어진 무미건조한 것이라고 생각하는 사람들이 있습니다. 그러나 논리는 우리의 생활과 밀접한 관련을 맺고 있습니다. 즉 나아만의 종들에게서 보듯이 바른 논리적 사고는 우리를 구습에서 벗어나게 할 뿐만 아니라 창조적 생활을 하는 원동력입니다.

> ■ ■ ■ **논리요해**
>
> 논리란 목표에 대한 일관된 생각과 행동을 보여주는 것으로써 우리의 감정과 구습에서 벗어나 목표 달성을 용이하게 하는 창조적 원동력입니다.

논술을 위한 논리

우리가 활동하는 범위는 한정되어 있습니다. 그러나 우리는 접하지 않은 환경도 이해하여야만 할 때가 있습니다. 우리는 경험하지 않은 것도 논리적 사고를 통하여 이해할 수가 있습니다. 옛날에 인공위성이 발견되지 않았을 때에도 일부 학자들은 지구가 둥글다는 사실을 믿었습니다. 그리고 그들은 현실 세계에 나타나는 여러 가지 현상들을 증거로 하여 나름대로 지구가 둥글다는 사실을 확신하였습니다. 이러한 확신은 논리적 사고가 있었기에 가능했던 것입니다. 또한 대부분의 사람들이 천동설을 믿을 때에도 갈릴레오는 재판정에 불려가 재판을 받으면서도 지동설(地動說)을 주장하였습니다. 그가 이렇게 과감하게 지동설을 주장할 수 있었던 것은 바로 논리적 사고가 있었기에 가능하였던 것입니다. 이와 같이 논리적 사고는 우리를 구습에서 벗어나게 할 뿐만 아니라 생활에 새로운 활력을 주는 창조적 원동력이라고 할 수 있습니다. 따라서 우리는 논리적으로 생각하고 행동하여야 합니다. 그렇게 할 때에 보다 합리적이고 과학적인 생활을 할 수 있기 때문입니다.

제1장 생활과 논리

● 솔로몬 왕의 재판 — 생활 속의 논리적 지혜

　어느 날 두 여자가 한 아기를 데리고 솔로몬 왕 앞에 나아와 서로 자기의 아들이라고 주장하며 공정한 판결을 요구하였습니다. 왕은 이 두 여자 외에는 이를 입증할 다른 사람이 없는 어려운 상황에서 판결을 내려야 하는 곤란한 입장에 처하게 되었습니다. 그러나 이 때에 왕이 내린 판결은 의외의 것이었습니다. 왕은 칼 하나를 가져 오라고 하였고, 신하들이 왕 앞으로 칼을 내오자 다음과 같은 명령을 하였습니다.

"그 살아 있는 아이를 둘로 나누어 반쪽은 이 여자에게 또 반쪽은 저 여자에게 주어라"

그러자 그 아이의 어머니는 제 자식을 생각하여 가슴이 메어지는 듯하여 왕에게 아뢰었습니다.
"왕이여, 살아 있는 아이를 저 여자에게 주시고 아이를 죽이지만은 마십시오."
그러나 다른 여자는 말했습니다.
"어차피 내 아이도 네 아이도 안될 바에야 차라리 둘로 나누어 가지자"
그러자 솔로몬 왕은 이들의 말을 듣고 신하들에게 분부하였습니다.
"아이를 죽이지 말고 처음 여자에게 내주어라. 그 여자가 참 어머니이니라."

온 이스라엘이 왕의 판결을 듣고 왕을 두려워하게 되었습니다. 이는 하나님의 지혜가 왕에게 있어 판결(判決)함을 보았기 때문입니다. (왕상 3 : 17-28)

솔로몬 왕의 지혜는 오늘날에도 지혜의 대명사로 불릴 정도로 널리 알려져 있습니다. 특히 솔로몬 왕이 기브온에서 두 창녀와 한 아이에 대하여 행한 판결은 오늘날에도 공정한 지혜 판결의 대명사로 꼽히고 있습니다. 이처럼 솔로몬 왕이 행한 공정한 판결 한가지만 보더라도 우리는 그가 특별한 지혜의 소유자임을 알 수가 있습니다. 문학과 예술을 융성케 하고, 잠언, 아가, 전도서 및 시편 등에서 성경의 작품들을 남기는 등 그의 업적으로 짐작컨대 그의 지혜는 하나

제1장 생활과 논리

님께서 허락하신 것임을 알 수가 있습니다. 솔로몬 왕이 이스라엘의 모든 왕 중에서 뛰어난 왕이라는 사실을 우리는 그의 지혜를 보고서도 알 수가 있습니다. 실로 무모하게 보이는 명령을 가지고 어려운 문제를 간단하게 해결한 이 재판 사건을 생각하면 우리는 솔로몬 왕의 지혜가 결코 일상 생활과 무관한 것이 아님을 알 수가 있습니다. 즉 솔로몬 왕은 아들을 사랑하는 어머니의 참 사랑을 평소에 깨닫고서 이 깨달음을 공정한 판결과 연결시켰던 것입니다. 그의 판결을 보면서, 우리는 참된 지혜와 논리는 우리의 생활 속에 숨어 있다는 사실을 알게 됩니다. 이는 지혜의 왕, 솔로몬이 직접 기록한 잠언의 말씀을 보아도 알 수가 있습니다. 즉 지혜의 원천은 우리가 생활하는 곳에서 먼 곳에 있는 것이 아니라 우리가 생활하는 터전과 가까이 있음을 알 수가 있습니다. 다음의 말씀을 보십시오.

"지혜가 부르지 아니하느냐?
명철이 소리를 높이지 아니하느냐?
그가 길가의 높은 곳과 사거리에 서며
성문 곁과 문 어귀와 여러 출입하는 문에서 불러 가로되
사람들아 내가 너희를 부르며
내가 인자들에게 소리를 높이노라"(잠 8:1-4)

이 말씀에서 우리는 지혜가 우리의 생활과 밀접한 관련이 있다는 사실을 알게 됩니다. 그렇기에 생활하는 터전에서 항상 이치를 따

논술을 위한 논리

지며, 논리적으로 사고하는 것이 얼마나 중요한 지를 알 수가 있습니다. 모든 것은 서로 관련이 되어 있습니다. 그렇기에 우리가 평범하게 보아 넘기는 생활 속의 현상들 가운데에서도 논리적인 지혜를 사람들은 얼마든지 발견할 수가 있습니다. 사과가 떨어지는 것을 보고서 만유인력을 발견한 뉴턴의 이야기야말로 가장 대표적인 예에 해당한다고 생각합니다.

"성문 곁과 문 어귀와 길가에서 지혜가 부른다"는 잠언의 말씀을 되새겨 보십시다. 우리가 생활하는 모든 곳이 바로 지혜의 학습장이라고 할 수 있습니다. 따라서 생활 속에서 체험하고 느낀 것들을 의미 없이 지나쳐서는 안됩니다. 이것들을 되새겨 보고 체계화하는 능력을 갖춘다면, 우리는 하나님 앞에서 부끄러움이 없는 참된 지혜자로 일어설 수가 있습니다. 따라서 우리는 경험하는 것들을 이치(理致)에 어긋나지 않는 지, 또한 왜 그렇게 되었는 지를 따져 보는 습관을 가져야만 합니다. 바로 이러한 습관이 논리 훈련의 첫 걸음이며, 지혜의 시발점이라고 할 수 있습니다.

▬▬▬ 논리요해
우리가 생활하는 모든 곳이 지혜와 논리의 학습장입니다. 따라서 항상 이치에 따라 따져 보는 습관이야말로 논리 훈련의 첫 걸음입니다.

제1장 생활과 논리

　신앙인 중에는 신앙생활과 논리를 전혀 무관(無關)한 것이라고 생각하는 사람들을 간혹 볼 수가 있습니다. 그러나 지혜의 왕, 솔로몬이 기록한 성경 잠언 말씀에서는 이러한 생각이 잘못된 것이라는 사실을 잘 보여주고 있습니다. 아가 동산 사건이나, 오대양 사건 및 한때 세상을 떠들썩하게 했던 시한부 종말론 사건 등과 같은 오늘날 우리들이 생활하는 현대 사회에서 일어나는 사이비 이단들의 터무니없는 사건들을 접하면서 우리는 이치에 맞는 신앙생활의 필요성을 절감하게 됩니다. 또한 얼마 전에 있었던 영생교 성도들의 집단 자살 사건에서는 맹목적인 신앙이 얼마나 위험한 것인지를 잘 보여줍니다. 만일 사이비 신앙 사건에 연루된 사람들이 하나님의 말씀에 입각하여 차근차근 사리를 따져 생각하며 신앙생활을 하였다면, 이러한 사이비 이단들의 사기 행각에는 말려들지 않았을 것입니다. 이처럼 사리에 맞는 생각을 멀리하려는 잘못된 신앙인이 존재하는 한, 앞으로도 이러한 사이비 이단들의 행각은 끊이지 않을 것입니다. 바른 믿음, 바른 신앙을 위해서라도 우리는 논리를 가까이 하여야 합니다. 왜냐하면 논리적 사고는 바른 신앙으로 나아가는 소중한 도구이기 때문입니다.

제2장 개념과 언어

언어는 인간의 사고를 전달하는 중요한 도구입니다.
그렇기에 논리와 언어는 동전의 양면처럼
긴밀한 관계라고 할 수 있습니다.
이처럼 논리 표현에 대단히 중요한 언어는
인간 상호간에 협력할 수 있는 매개체의 역할을 합니다.
생활 속에서 우리들이 항상 사용하는 것이 언어이지만
그러나 언어도 단순하지만은 않습니다. 언어는 개념을 가질 뿐만 아니라
사물을 가리키는 지시적 기능도 함께 가지고 있습니다.
논리 표현과 관련된 어휘 의미론적인 특성을 살펴보는 것은
대단히 중요합니다.

제2장 개념과 언어

● 언어를 혼잡하게 하시고 — 언어의 중요성

처음에 세상에는 언어가 하나였습니다. 그 때에 땅에 있는 사람들이 동방으로 옮겨가다가 시날 평지를 만나자 그 곳에 정착하게 되었습니다. 그 곳에서 사람들은 말하였습니다. "자 벽돌을 만들어 단단하게 굽자. 그리고 성을 건축하고 꼭대기가 하늘에 닿을 탑을 쌓아 우리 이름을 떨치자."

여호와께서는 사람들이 쌓는 성과 탑을 보시려고 내려오셔서 이렇게 말씀하셨습니다.

> "저들은 한 민족이며 하나의 동일한 언어를 사용하고 있다. 그래서 저들이 이런 일을 시작하였으니 앞으로 마음만 먹으면 해내지 못할 일이 없을 것이다. 가서 저들의 언어를 혼잡하게 하여 서로 알아듣지 못하게 하자"

여호와께서 그들을 온 세상에 흩어 버리시므로 그들은 성 쌓던 일을 중단하였습니다. (창 11:1-9)

창세기 11장에는 바벨탑 사건으로 불리우는 특별한 사건이 기록되어 있습니다. 하나님께서 인간의 언어를 혼잡케 하자 사람들이 서로 알아듣지 못하여 성 쌓기를 그쳤다는 것입니다. 이것은 인간 사회에서 언어가 얼마나 중요한 지를 잘 보여 줍니다.

　언어는 인간 상호간의 협력의 매개체입니다. 우리 사람들은 언어를 가지고 자신의 생각이나 사상을 전달합니다. 아마도 언어가 없었다면 오늘날과 같은 고도의 문명 사회 건설은 불가능하였을 것입니다. 바벨탑 사건에서 보듯이 언어의 혼잡은 인간 상호간의 의사 소통과 협력의 중단을 의미합니다. 인간 생활의 많은 부분이 언어에 의존해 있다고 해도 과언이 아닙니다. 그렇기에 언어는 아주 소중한 것임을 알 수 있습니다.

　"언어가 없다면 사고도 없다"는 말이 있습니다. 이는 언어가 인간의 사고와 직결되어 있음을 나타내고 있습니다. 학문을 뜻하는 로고스(logos)라는 말은 희랍어에서 유래하였는 데, 이 말은 이성(理性)이라는 뜻과 언어라는 뜻을 함께 가지고 있습니다. 즉 언어와 사고, 나아가서 사람만이 가지고 있는 고유의 기능인 이성은 같은 의미로 해석될 수 있기에 언어의 중요성은 말할나위 없이 크다고 할 수 있습니다. 언어로 읽고 들음으로써 지식을 습득하고, 말하거나 씀으로써 전달하고 기록하여 오늘날과 같은 인류 문명의 창조와 발달이 가능하였다고 할 수 있습니다.

　특히 논리에서는 사고의 방법과 전달 과정을 중요하게 생각합니다. 그렇기에 논리에서는 사고를 전달하는 언어가 그만큼 중요한 위치를 차지합니다. 표현되지 않은 논리, 표현할 수 없는 논리는 그

만큼 중요성이 떨어질 수밖에 없기 때문입니다. 모든 사람이 공감할 수 있을 때에 진정한 의미의 논리 체계가 성립할 수 있습니다. 따라서 논리 체계에는 언어적인 요소가 많은 부분을 차지합니다. 그렇기에 언어의 특성을 살펴보고, 이를 생활 속에 적용하는 것이야말로 논리 훈련의 첫 걸음이라고 할 수 있습니다. 이 곳에서는 언어 표현에서 중요시하는 낱말의 의미적인 특성과 언어적 개념에 대하여 살펴보려고 합니다.

> ■ ■ ■ 논리요해
>
> 논리에서는 사고의 방법과 전달 과정을 중요하게 생각합니다. 그렇기에 사고를 전달하는 언어가 매우 중요한 위치를 차지합니다.

밤에 찾아온 손님 — 언어와 개념 표현

바리새인 중에 니고데모라 이름하는 사람이 있었습니다. 그는 유대인의 관원인데 하루는 밤에 예수님을 방문하여 다음과 같이 말하였습니다.

"선생님! 우리가 당신은 하나님으로부터 오신 선생인 줄 아나이다. 하나님이 함께 하시지 아니하면 당신의 행하시는 이 표적을 아무라도 할 수 없음이니이다.."

니고데모의 말을 듣고 예수님께서는 그에게 또 다른 가르침을 주셨습니다.

"진실로 진실로 네게 이르노니 사람이 거듭나지 아니하면 하나님 나라를 볼 수 없느니라"

예수님의 가르침에 니고데모는 다음과 같이 반문하였습니다.

"사람이 늙으면 어떻게 날 수 있삽나이까? 두 번째 모태에 들어갔다가 날 수 있삽나이까?"

제2장 개념과 언어

그의 물음에 예수님께서는 다음과 같이 대답하였습니다.

"육으로 난 것은 육이요, 성령으로 난 것은 영이니
내가 네게 거듭나야 하겠다는 말을 기이히 여기지 말라
바람이 임의로 불매
네가 그 소리를 들어도 어디서 오며 어디로 가는 지 알
지 못하나니
성령으로 난 사람은 다 이러하니라 (요 3:1-12)"

이날 밤의 예수님과의 대화 후에 니고데모는 예수님을 따르는 사람으로 변화되었습니다. 후에 그는 예수님께서 십자가에서 돌아가시자 몰약과 침향 섞은 것을 백근쯤 가지고 와서 예수님의 시체를 장사하는 데 도움을 줄 정도로 예수님을 사랑하고 따르는 사람이 되었습니다.

여러분 니고데모가 예수님의 가르침을 듣고 오해하게 된 이유가 무엇일까요? 니고데모는 "거듭난다"는 말을 듣고 "어머니의 모태"를 머리 속에 떠올렸습니다. 이렇게 잘못 생각하고 있는 니고데모에게 예수님께서는 바람을 예로 들면서 "성령"으로 날 것을 가르치셨습니다. 바로 여기서 보듯이 두 사람 사이에는 "거듭난다"라는 말의 개념에 차이가 있습니다. 그 차이를 살펴보면 다음과 같습니다.

(예수님) 거듭난다 → 성령으로 난다.

(니고데모) 거듭난다 → 두 번째 모태.

우리는 두 사람의 대화를 보면서 개념이 무엇인지를 알 수가 있습니다. 개념이란 대상이나 사물에 대해 머리 속에 가지고 있는 사람들의 생각을 말합니다. 언어는 바로 이 개념을 표현한 것이라고 할 수 있습니다.

> ■■■ 논리 요해
> 개념이란 대상이나 사물에 대해 머리 속에 가지고 있는 사람들의 생각으로 언어는 이 개념을 표현한 것입니다.

혹시 여러분은 오래된 친구의 이름이 생각나지 않아서 대화 중에 당황해 본 적은 없습니까? "그 친구 이름이 뭐지? 고3때 같은 반이었던 안경 쓰고 얼굴이 갸름하고 공부를 잘했던 키가 작은 그 친구 이름이 생각이 안나?"

이 대화에서 보듯이 이름을 모른다고 그 친구를 모르는 것은 아닙니다. 단지 그의 이름만을 모를 뿐이며 머리 속에는 그 친구에 대한 특성들을 다 간직하고 있습니다. 언어와 개념과의 관계도 이와 같은 것입니다.

니고데모가 "거듭난다"는 말을 듣고서 혼자 무엇을 생각하든 상관이 없습니다. 그러나 예수님과의 대화에서 보듯이 올바른 의사 소통을 하기 위해서는 낱말에 대하여 바른 개념을 가질 필요성이 있습니다. 따라서 논리적인 표현과 다른 사람과의 올바른 의사 소통을 위해서는 낱말에 대한 바른 개념을 지녀야만 합니다.

제2장 개념과 언어

각 생물을 일컫는 바 — 개념과 지시

성경 창세기에는 다음과 같은 구절이 나옵니다.

"여호와 하나님이 흙으로 각종 들짐승과 공중의
각종 새를 지으시고
아담이 어떻게 이름을 짓나 보시려고
그것들을 그에게로 이끌어 이르시니
아담이 각 생물을 일컫는 바가 곧 그 이름이라"
(창 2:19)

이 말씀에서는 아담이 각 생물을 일컫는 바가 곧 그 이름이 되었다고 말합니다. 여기에서 우리는 언어가 사물을 가리키는 기능과 관련이 있음을 알 수 있습니다. 즉 우리가 사용하는 명칭은 곧 이 세상의 사물을 가리키는 데에 사용됩니다. 이것을 언어의 "지시적 기능" 혹은 "형상적 의미"라고 합니다. 다시 말하면 "강아지"라는 개념은 "강아지"라는 사물을 가리킵니다. 역시 "사람"이라는 낱말도 "사람"을 가리키는 데에 사용됩니다. 이처럼 언어가 형상적 의미를 지니고 있는 것은 우리가 언어를 배울 때의 과정을 돌이켜보면 쉽게 이해할 수가 있습니다. 우리는 유아기 때에 종종 다음과 같

논술을 위한 논리

은 질문을 하면서 언어를 익혔습니다. "엄마, 이게 뭐야?" 혹은 "나무가 뭐야?" 등과 같은 질문을 통해서 언어를 익혀 왔고 지금도 어린아이들이 이러한 질문을 하는 것을 자주 보게 됩니다. 이것은 우리들이 사용하고 있는 언어가 형상적 의미 즉 지시적 기능에 의해 이루어진 것을 보여주는 좋은 증거라고 할 수 있습니다.

> ■■■ 논리 요해
> 언어적 개념은 사물을 가리키는 데 사용됩니다. 이것을 언어의 지시적 기능이라고 합니다.

이러한 설명에 대해 어떤 사람은 당연한 말을 한다고 반박할지도 모릅니다. 그러나 언어에 있어서 개념이 항상 지시적 기능과 일치되는 것은 아닙니다. 경우에 따라서는 형상적 의미와 낱말의 개념이 따로 분리되기도 합니다. 다음의 예를 보십시오.

여호와 샬롬이라는 말이 있습니다. 이 말은 히브리 사람들이 여호와의 목전에서 악(惡)을 행할 때에 사사 기드온에 의해 생겨난 말입니다. 이스라엘 자손이 미디안 족속에게 고통을 당하자 이스라엘을 구원할 지도자로 삼기 위해 하나님께서 기드온에게 여호와의 사자를 보내셨습니다. 기드온은 후에 자신이 여호와의 사자를 대면하여 보았다는 사실을 깨닫고 두려움에 빠지게 됩니다. 왜냐하면 당시에는 하나님을 직접 대면한 사람은 죽는 것으로 알고 있었기 때문입니다.

다음의 말에서 두려워하는 기드온의 마음을 엿볼 수 있습니다.

"슬프도소이다. 주 여호와여!
내가 여호와의 사자를 대면하여 보았나이다."

그 때에 여호와께서는 두려워하는 기드온을 안심시키십니다.

"너는 안심하라. 두려워 말라 죽지 아니하리라."

그러자 기드온이 여호와를 위하여 단을 쌓고 그 이름을 "여호와 샬롬"이라고 일컬었습니다.(삿 6:22-24)

우리는 여기서 기드온이 쌓은 제단과 그 명칭과의 관계를 생각해 볼 수가 있습니다. 한마디로 "여호와 샬롬"이라는 말은 곧 "기드온이 여호와를 위하여 쌓은 단"을 가리키는 명칭입니다. 이를 지시적 기능이라고 할 수 있습니다. 그러나 "여호와 샬롬"이라는 낱말의 문자적인 의미는 "여호와는 평화이시

다"는 뜻입니다. 이를 이 낱말의 개념이라고 할 수 있습니다. 즉 기드온이 쌓은 단의 명칭에서는 개념과 지시가 분리되어 있는 것을 볼 수가 있습니다.

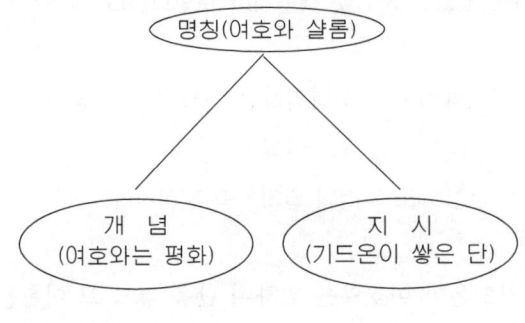

┌─ ■■■ 논리요해 ─────────────────────┐
│   언어적 표현은 개념 및 지시와 관련이 있습니다.   │
└───────────────────────────────────┘

 일반적으로 우리가 사용하는 낱말들은 개념과 지시가 일치하는 경우가 많습니다. 그러나 이와는 달리 "여호와 샬롬"에서처럼 개념과 지시가 일치하지 않는 경우도 존재합니다. 그 대표적인 예를 영어의 "The morning star"라는 표현에서 볼 수가 있습니다. 즉 영어의 "The morning star"라는 표현은 태양계 내의 두 번째 행성인 금성을 가리키는 표현입니다. 그러나 호주 등과 같은 나라에서는 금성을 가리키는 낱말로 "The evening star"라는 표현을 씁니다. 즉 영어의 "The morning star"와 "The evening star"라는 표현은 똑같이 금성을 가리킵니다. 그렇기에 지시적 기능에 있어서는 동일하다고 할 수 있습니다. 그러나 개념에서는 차이를 보이기에 동일한 낱말이 될 수가 없는 것입니다. 즉 "The morning star"의 개념은 "새벽별"을 나타내고, "The evening star"는 "저녁별"을 나타나기 때문에, 개념적인 면에서 차이가 있는 것을 볼 수 있습니다. 따라서 우리들이 쓰는 낱말의 의미는 개념 뿐만아니라 지시와도 깊은 관련을 맺고 있기 때문에 우리는 많은 사람들이 공통적으로 사용하는 개념과 지시를 확인하여 사용하여야만 합니다. 때문에 사람들이 고전이라고 일컫는 책을 읽으며 다양한 독서를 하여 생각을 정돈하거나 많은 사람들과 함께 대화에 참여하는 것은 논리 훈련의 가장 기초적인 발판에 해당합니다.

남자의 머리 — 다의어(多義語)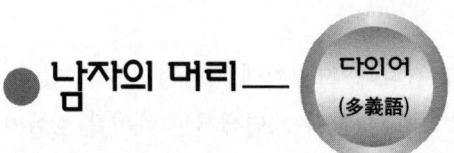

바울 사도는 고린도 교회의 교인들에게 예배에 관한 문제를 이야기하였습니다. 그는 예배시에 여자가 머리에 수건을 쓰는 문제에 대하여 다음과 같이 이야기합니다.

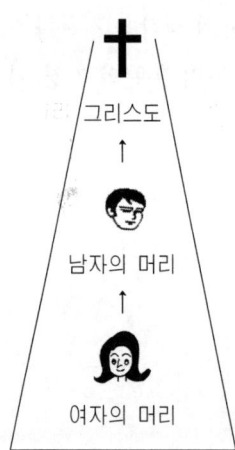

"그러나 나는 너희가 알기를 원하노니 각 남자의 머리는 그리스도요, 여자의 머리는 남자요, 그리스도의 머리는 하나님이시라. 무릇 남자로서 머리에 무엇을 쓰고 기도나 예언을 하는 자는 그 머리를 욕되게 하는 것이요, 무릇 여자로서 머리에 쓴 것을 벗고 기도나 예언을 하는 자는 그 머리를 욕되게 하는 것이니 이는 머리민 것과 다름이 없음이니라.(고전 11:3-5)"

그런데 어떤 사람이 고린도 전서에 나오는 이 구절을 보고 다음과 같은 해석을 하였습니다.

(대전제) 여자는 머리에 무엇을 쓰고 예배를 드려라.
(소전제) 여자의 머리는 남자다.

(결 론) 그러므로 남자의 머리에 무엇을 쓰는 것은 비록 욕되지만, 바울 사도는 남자도 머리에 무엇을 쓰고 예배를 드리라는 것이다.

여러분은 이 사람의 논리 전개 방식에 대하여 어떻게 생각합니까? 이 사람의 추론에서 논리적으로 어긋나는 것은 무엇입니까? 과연 무엇이 문제가 되는 것일까요?

한마디로 이야기하면 이 사람의 해석에서는 논리적 방법이 문제가 되는 것이 아닙니다. 문제시되는 것은 "머리"라는 낱말에 있습니다. 이 낱말은 하나의 의미가 아닌 다양한 의미로 사용된 것을 이 사람이 간과하였기 때문에 생겨난 문제라고 할 수 있습니다. 이곳에서 사용된 "머리"라는 낱말의 사전적 의미를 살펴보면 다음과 같습니다.

머리 1. 우두머리 혹은 보다 높은 사람.
     2. 사람이나 동물의 두부(頭部)
     3. 머리카락

이처럼 다양한 개념이 하나의 낱말로 표현된 것을 다의어(多義語)라고 합니다. 따라서 다의어의 의미 구조를 우리는 다음과 같이 도식화할 수 있습니다.

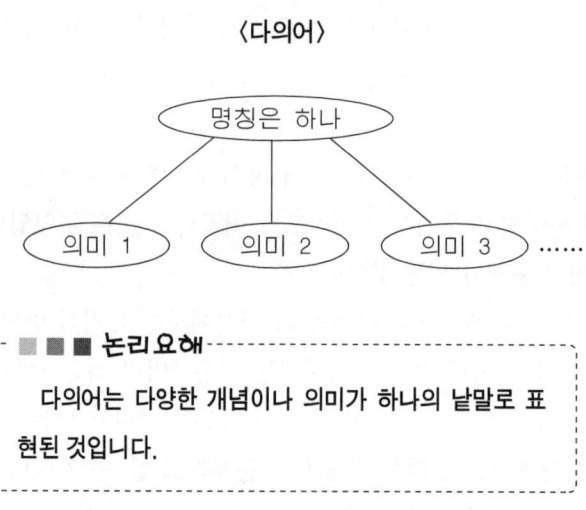

〈다의어〉

■■■ 논리요해

　다의어는 다양한 개념이나 의미가 하나의 낱말로 표현된 것입니다.

　그렇기에 정확한 논리 표현을 위해서는 다의어의 의미 관계를 잘 관찰하여 사람들이 혼동이 없게 사용하는 것이 중요합니다.
　위에서 "머리"라는 낱말이 여러가지 뜻으로 사용되었음에도 불구하고 해석자가 모두 같은 의미로 적용하였기 때문에 해석과 논리 면에서 모순을 범하게 된 것입니다. 따라서 다의어의 의미 관계를 잘 파악하여 적용하는 것이야말로 논리적 오류를 방지하는 길이라고 할 수 있습니다.

제2장 개념과 언어

● 주의 법도를 사모하오니 — 동의어(同義語)

시편 119편은 여호와의 말씀에 대한 묵상을 주 내용으로 하고 있습니다. 이 시는 176절이나 되는 성경에서 제일 긴 장편시(長篇詩)에 해당합니다. 그 구성은 22자인 히브리어 알파벳이 각각 8절씩 짝 맞추어져서 시작하도록 정교하게 구성되어 있습니다. 따라서 22×8=176이 되어 결과적으로 이와 같이 긴 장편시가 된 것입니다. 이 시의 내용을 살펴보면 우리는 하나님의 말씀에 대한 시인의 열정적인 마음을 엿볼 수가 있습니다. 이 시의 내용중 일부를 다음에 소개합니다.

"여호와여 주의 율례(律例)의 도를 내게 가르치소서
내가 끝까지 지키리이다
나로 깨닫게 하소서 내가 주의 법을 준행하며 전심으로
지키리이다
나로 주의 계명의 첩경(捷徑)으로 행케 하소서
내가 이를 즐거워함이니이다
내 마음을 주의 증거로 향하게 하시고 탐욕으로
향치 말게 하소서
내 눈을 돌이켜 허탄한 것을 보지 말게 하시고

주의 도에 나를 소성케 하소서
주를 경외케하는 주의 말씀을 주의 종에게 세우소서
나의 두려워하는 훼방을 내게서 떠나게 하소서
주의 규례는 선하심이니이다
내가 주의 법도를 사모하였사오니
주의 의에 나를 소성케 하소서"(시 119:33-40)

이 말씀에서 우리들이 눈여겨 볼 것이 있습니다. 즉 저자는 이 시에서 "여호와의 말씀"을 여러 낱말로 표현하고 있는 것을 볼 수가 있습니다. 이 시에 나타난 여호와의 말씀을 뜻하는 낱말들을 예로 들면 다음과 같습니다.

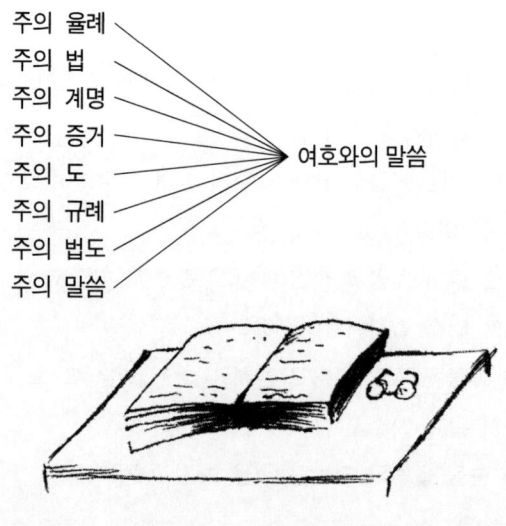

제2장 개념과 언어

따라서 시인은 동일한 개념을 가진 다른 낱말들을 사용하여 "하나님의 말씀"에 대한 강한 열정을 표현함으로써 보다 시(詩)적이고도 문학적인 표현들을 극대화하고 있는 것을 알 수가 있습니다. 이처럼 하나의 사물이나 하나의 개념을 가리키는 다양한 낱말들을 우리는 동의어(同義語)라고 일컫습니다. 동의어를 의미와 관련하여 도식화하면 다의어와는 정반대의 모습을 보입니다.

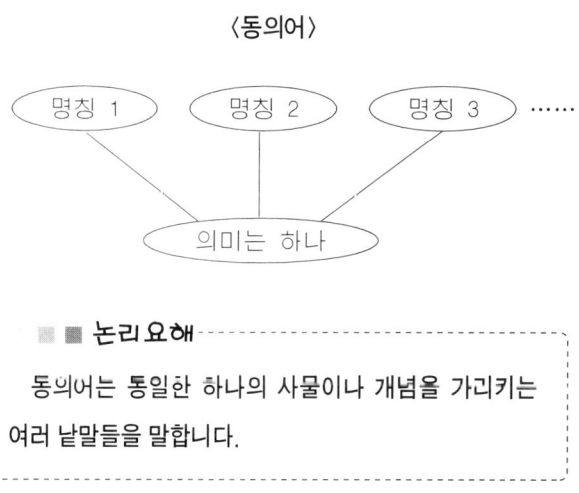

〈동의어〉

■ ■ 논리요해

동의어는 통일한 하나의 사물이나 개념을 가리키는 여러 낱말들을 말합니다.

이처럼 하나의 사물을 가리키는 데에 다양한 동의어가 필요한 이유는 무엇일까요? 그것은 사람에 따라 사물과 개념을 인식하는 양상이 다를 뿐만 아니라 한 사람의 경우에도 시간과 장소에 따라 사물을 다르게 보려는 경향이 있기 때문입니다. 그렇기에 보다 정확한 언어표현을 위하여 우리는 동일한 개념을 갖고 있는 다양한 낱말들을 필요로 하게 되는 것입니다.

　시편 119편에서처럼 동의어는 문학적 표현의 좋은 도구입니다. 뿐만 아니라 동의어는 논리적 표현에도 대단히 중요합니다. 일례로 "샛별" "계명성(啓明星)" "금성"은 다같이 태양계 내의 두 번째 행성을 가리키는 낱말들입니다. 다음의 논리적인 정의 표현을 살펴 보십시오.

　　　　　　　"샛별은 금성이다"

　이 정의에서 보듯이 동의어는 낱말의 논리적인 정의 표현에 아주 유용함을 알 수가 있습니다. 뿐만 아니라 풍부한 문학적인 표현을 나타내는 데에 아주 요긴합니다. 따라서 보다 논리적인 표현 능력을 기르기 위해서는 가급적 다양한 종류의 동의어를 습득하는 것이 중요하다고 할 수 있습니다. 우리는 평소에 독서를 많이 합니다. 이처럼 다른 사람들이 기록한 글을 많이 읽고 묵상하는 것은 동의어를 습득하는 데에 아주 요긴합니다. 그 중에서도 훌륭한 사람들이 남긴 고전이라고 불리우는 명저(名著)들은 동의어 습득과 같은 언어적인 요소 뿐만 아니라 사고의 방법도 깨우쳐 주기에 반드시 읽어 보아야만 합니다. 고전 중에서도 성경 말씀은 세계의 수많은 사람들이 읽는 최고의 베스트 셀러에 해당합니다. 따라서 신앙적인 이유를 제외하더라도 시대와 국가를 초월하여 수많은 사람들이 읽

제2장 개념과 언어

고 묵상하는 성경책은 논리 훈련에 더 없이 좋은 책임을 알 수가 있습니다.

● 범사에 기한이 있고 — 반의어와 모순개념

다윗의 아들 솔로몬은 예루살렘 왕으로써 그의 영화(榮華)는 대단했던 것으로 알려져 있습니다. 그렇기에 "솔로몬의 영화"라는 말은 오늘날에도 모든 영화를 대표하는 말로 사용되고 있습니다. 이처럼 인간의 영화를 누렸던 솔로몬 왕이 우리 인생에 관하여 노래한 책이 바로 전도서입니다. 솔로몬 왕은 전도서에서 인간의 유한성을 이야기하고 있습니다. 특히 그는 인간사의 헛됨을 강조하는 다음과 같은 문구로 전도서의 내용을 시작하고 있습니다.

"헛되고 헛되며 헛되고 헛되니 모든 것이 헛되도다"

그러면서 그는 모든 행위에는 적합한 때가 있다는 사실을 다음과 같이 노래합니다.

"천하에 범사가 기한(期限)이 있고,
모든 목적이 이룰 때가 있나니
날 때가 있고 죽을 때가 있으며,
심을 때가 있고 심은 것을 뽑을 때가 있으며,
울 때가 있고 웃을 때가 있으며,

제2장 개념과 언어

> 슬퍼할 때가 있고 춤출 때가 있으며,
> 돌을 던져 버릴 때가 있고 돌을 거둘 때가 있으며,
> 안을 때가 있고 안는 일을 멀리할 때가 있으며,
> 찾을 때가 있고 잃을 때가 있으며,
> 지킬 때가 있고 버릴 때가 있으며,
> 찢을 때가 있고 꿰맬 때가 있으며,
> 잠잠할 때가 있고 말할 때가 있으며,
> 사랑할 때가 있고 미워할 때가 있으며,
> 전쟁할 때가 있고 평화할 때가 있느니라.
> 일하는 자가 그 수고로 말미암아 무슨 유익이 있으랴"
> (전 3:1-9)

이 말씀에서 전도자는 우리 인간들의 삶에는 하나님께서 정하신 때와 기한이 있다는 것을 알려주고 있습니다. 그런데 이러한 내용을 알려주기 위하여 이 말씀 속에서 사용하는 언어적인 방법은 무엇일까요? 전도자는 서로 대립되는 낱말들을 계속적으로 사용함으로써 자신이 전달하려는 내용을 효과적으로 표현하고 있습니다. 우리는 이 전도자의 노래를 통하여 반의어가 무엇인지를 깨달아 알 수 있습니다. 반의어란 사람들의 인식상, 낱말 간에 대칭을 이루는 쌍이나 혹은 서로 대비되는 낱말의 쌍을 말합니다. 사람들은 무질서해 보이는 자연현상이나 우리의 생활들을 대립화 개념화하려는 경향이 있습니다. 바로 이러한 개념들을 언어로 표현한 낱말의 쌍

을 우리는 반의어라고 부릅니다.

> ■■■ 논리요해
>
> 반의어는 사람들의 인식상, 낱말 간에 대칭을 이루는 쌍이나 혹은 서로 대비되는 낱말의 쌍을 의미합니다.

위 전도자의 노래에서 대칭을 이루는 낱말 쌍의 일부를 대립화하여 살펴보면 다음과 같습니다.

날 때 // 죽을 때
사랑할 때 // 미워할 때
울 때 // 웃을 때
전쟁 // 평화

이처럼 대립 혹은 대비되는 개념이 반의어의 주요한 요소임을 알 수가 있습니다. 이러한 표현들을 전도서의 저자는 의미를 극대화하는 데에 사용하고 있습니다. 따라서 반의어를 이용한 다른 표현들이 전도서에는 자주 나오고 있습니다. 다음의 표현도 그 중의 하나라고 할 수 있습니다.

"아름다운 이름이 보배로운 기름보다 낫고

제2장 개념과 언어

죽는 날이 출생하는 날보다 나으며
초상집에 가는 것이 잔치 집에 가는 것보다 나으니
모든 사람의 결국이 이와 같이 됨이라 산 자가 이것에
유심하리로다
슬픔이 웃음보다 나음은 얼굴에 근심함으로 마음이 좋게
됨이니라
지혜자의 마음은 초상집에 있으되 우매자의 마음은
연락(宴樂)하는 집에 있느니라."(전 7:1-4)

이 말씀에서도 이미 설명하였던 것처럼 인식상 대비 가능한 낱말을 이용한 표현을 충실하게 사용하고 있습니다. 즉 대칭을 이루는 낱말 쌍들을 대립화하여 열거하면 다음과 같습니다.

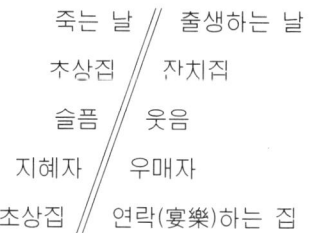

즉 반의어는 개념적으로 대립화되는 요소가 주요한 특성임을 알수가 있습니다. 이러한 대립화는 낱말의 쌍으로 나타내는 것이 일반적입니다.

그러나 반의어에서 한가지 주의할 것이 있습니다. 우리는 아이들이 다음과 같이 이야기하면서 이것을 반의어라고 우기는 경우를 볼 수가 있습니다.

사랑 → 안사랑
비겁하다 → 안비겁하다
쉬다 → 못쉬다
모순 → 무모순

즉 어떤 낱말에 부정을 뜻하는 말을 덧붙여서 반대말이라고 우기는 경우를 보게 됩니다. 그러나 이러한 낱말이 반의어가 되지 못하는 이유는 무엇 때문일까요? 그 이유는 이 낱말들은 반의어라기보다는 모순적인 개념을 나타내는 낱말의 쌍이기 때문입니다. 즉 이 낱말들은 의미적으로 서로 배타성을 가지고 있습니다. 이런 점에서는 반의어와 유사합니다. 그러나 우리들의 인식상 서로 대칭을 이룬다고는 말할 수 없습니다. 그렇기 때문에 반의어가 되지 못하는 것입니다.

■■■ 논리요해
모순어는 의미적으로 서로 배타성을 가지는 낱말입니다.

그러나 일부 낱말 중에는 모순 개념과 반대 개념이 동일한 낱말들도 있습니다. 이에 해당하는 낱말들의 예를 다음에 제시합니다.

질서 // 무질서
관심 // 무관심
상식 // 몰상식

그렇다고 해서 모순 개념의 낱말들이 항상 반의어와 일치하는 것은 아닙니다. 다음에 제시된 낱말들의 쌍을 살펴 보십시오.

흰색 // 검정색
길다 // 짧다
덥다 // 춥다
잘한다 // 못한다

이 낱말들은 인식상 서로 대칭을 이루고 있습니다. 그렇지만 모순 개념의 낱말들과는 달리 대비된 낱말들의 쌍(雙) 중간에 우리는 다른 낱말의 존재를 인정할 수가 있습니다. 일례로 흰색과 검정색은 색상에 있어서 대칭을 이루는 낱말입니다. 그러나 흰색과 검정색 중간에 우리는 흰색과 검정색이 아닌 다른 색상을 나타내는 많은 낱말들의 존재를 인정할 수밖에 없습니다. 따라서 이 낱말들은 반의어는 가능하지만 모순 개념에는 해당되지 않습니다.

요한 계시록 3장 14절에서는 반의어와 모순어의 개념을 이용한 구절이 나옵니다. 즉 라오디게아 교회에 보내진 편지에서 물질적인 풍요 속에서 신앙적인 빈곤을 깨닫지 못하는 교회의 모습을 질책하는 말씀을 살펴보면 반의어와 모순어의 개념 이해에 큰 도움이 될 것으로 생각되어 다음에 제시합니다.

하나님의 창조의 근본이신 이가 가라사대
"내가 네 행위를 아노니 네가 차지도 아니하고 더웁지도 아니하도다.
네가 차든지 더웁든지 하기를 원하노라.
네가 이같이 미지근하여 더웁지도 아니하고
차지도 아니하니
내 입에서 너를 토하여 내치리라." (계 3:14-16)

이 말씀에서 보듯이 "차다"와 "더웁다"는 인식상 서로 대칭을 이루고 있습니다. 그러나 두 낱말은 모순어는 아닙니다. 즉 "차지 않다"고 하여 곧 "더웁다"고 할 수는 없습니다. "차다"와 "더웁다"는 낱말 사이에는 제3의 낱말인 "미지근하다"라는 낱말이 존재하기 때문입니다.

따라서 반의어와 모순어를 다음과 같이 도표로 표현할 수가 있습니다.

제2장 개념과 언어

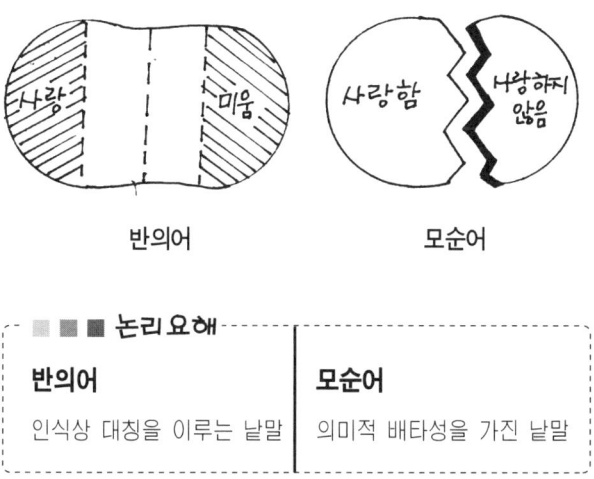

반의어   모순어

■ ■ ■ 논리요해

반의어	모순어
인식상 대칭을 이루는 낱말	의미적 배타성을 가진 낱말

성경에서는 모순개념이나 반의어를 이용하여 강한 의사 표현을 하는 경우가 있습니다. 다음에 제시하는 말씀들은 이러한 예에 해당하는 문장들로써 어느 낱말이 모순어나 반의어에 해당하는 지 주의깊게 살펴보시기 바랍니다.

너는 말씀을 전파하라
때를 얻든지 못 얻든지 항상 힘쓰라 (딤후 4:2)

그런즉 우리는 거하든지 떠나든지
주를 기쁘시게 하는 자 되기를 힘쓰노라 (골 1:10)

우리로 하여금 깨든지 자든지
자기와 함께 살게 하려 하셨느니라 (살전 5:10)

종이나 자유자나 다 한 성령으로 세례를 받아
한 몸이 되었고 (고전 12:13)

제2장 개념과 언어

● 여호와를 인하여 즐거워하며 — 포의어와 (包義語) 상위개념

비록 무화과나무가 무성치 못하며
포도나무에 열매가 없으며
감람나무에 소출이 없으며
밭에 식물이 없으며
우리에 양이 없으며
외양간에 소가 없을지라도
나는 여호와를 인하여 즐거워하며
나의 구원의 하나님을 인하여 기뻐하리로다 (합 3:17, 18)

새 중에 너희가 가증히 여길 것은 이것이라
이것들이 가증한 즉 먹지 말지니
곧 독수리와 솔개와 어응과
매와 매 종류와
까마귀 종류와
타조와 다호마스와 갈매기와
새매종류와
올빼미와 노자와 부엉이와
따오기와 당아와 올응과 학과

황새 종류와 대승과 박쥐니라. (레 11:13-19)

언뜻 관련이 없어 보이는 낱말들이라 할지라도 계층적으로 연관성을 갖는 경우가 있습니다. 이처럼 계층적 관련을 갖는 낱말들의 관계를 포의어(hyponymy)라고 합니다. 따라서 포의어는 일반적인 낱말과 구체성을 보이는 낱말 사이의 관계라고도 할 수 있습니다. 하박국 3장과 레위기 11장에 나오는 이 말씀들을 분석하면 우리는 낱말들간의 관계를 다음 같은 계층 관계로 나타낼 수가 있습니다.

언어의 계층적 구조의 예(The Hierarchy of Language)

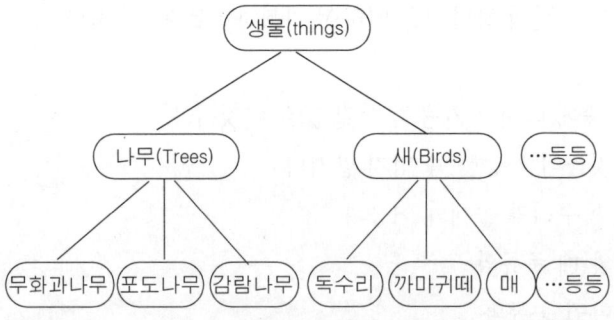

포의어의 특징이라면 일반성을 지닌 낱말은 구체성을 지니는 낱말을 대신하여 사용할 수가 있다는 것입니다. 그러나 그 반대의 경우는 성립되지 않습니다. 포의어의 설명은 상위 개념과 하위 개념의 단어들간의 관계를 염두에 두고 설명을 하는 것이 일반적입니

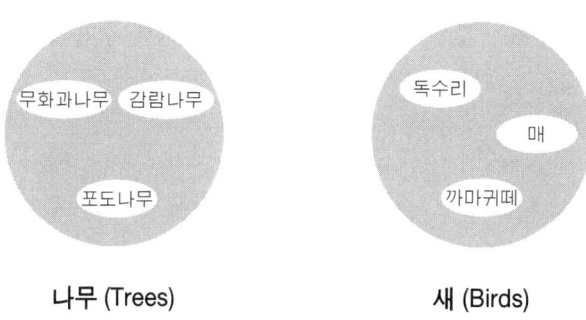

나무 (Trees)　　　　　　새 (Birds)

다. 이들 사이에는 다음과 같은 포함 관계가 형성이 됩니다.

　따라서 포함 관계를 살펴 낱말을 적합하게 사용하여야 혼동이 없는 논리 표현을 할 수 있습니다.

　포의어에서는 하위개념들 간의 낱말들의 관계를 이용하여 상위개념에 대한 의미를 집중시키는 데에 사용하기도 합니다. 하박국 3 : 17, 18절 말씀에서 하박국 선지자는 각부분의 상황들을 묘사 나열함으로써 황폐화된 땅의 모습을 잘 보여주고 있습니다. 이처럼 부분적인 묘사를 통하여 전체적인 상황 묘사가 가능한 것은 바로 단어의 포함 관계를 적절하게 사용하기 때문입니다. 따라서 합 3 : 17, 18에서는 하박국 선지자 자신이 하나님에 대한 믿음 때문에 기쁨을 가질 수 있다는 심정적인 토로를 성공적으로 할 수 있는 것입니다.

부　　분	전　　체
무화과나무가 무성치 못하며 포도나무에 열매가 없으며　→ 감람나무에 소출이 없으며	땅이 황폐해짐

따라서 우리는 포의어를 다음과 같이 도표화할 수가 있습니다.

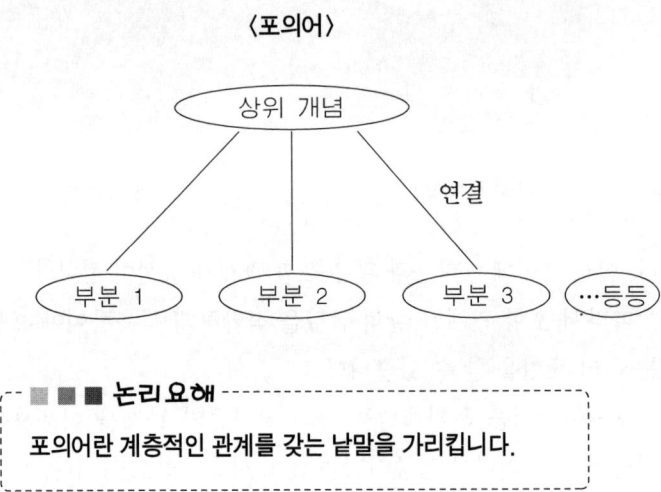

■■■ 논리요해
포의어란 계층적인 관계를 갖는 낱말을 가리킵니다.

제2장 개념과 언어

● 안식일을 거룩히 지키라 — 언어의 모호성 (模糊性)

"천지와 만물이 다 이루니라
하나님의 지으시던 일이 일곱째 날이 이를 때에 마치니
그 지으시던 일이 다하므로 일곱째 날에 안식(安息)하시니라
하나님이 일곱째 날을 복 주사 거룩하게 하셨으니
이는 하나님이 그 창조하시며 만드시던 모든 일을 마치시고
이 날에 안식하셨음이더라" (창 2:1-3)

"여호와 너의 하나님이 네게 명한 대로 안식일을 지켜
거룩하게 하라
엿새 동안은 힘써 네 모든 일을 행할 것이나
제 칠 일은 너의 하나님 여호와의 안식인즉
너나 네 아들이나 네 딸이나 네 남종이나 네 여종이나 네 소나
네 나귀나 네 모든 육축이나 네 문 안에 유하는 객이라도
아무 일도 하지 말고
네 남종이나 네 여종으로 너같이 안식하게 할지니라
너는 기억하라
네가 애굽 땅에서 종이 되었더니
너의 하나님 여호와가 강한 손과 편 팔로

너를 거기서 인도하여 내었나니
그러므로 너의 하나님 여호와가 너를 명하여
안식일을 지키라 하느니라" (신 5:12-15)

"너희가 애굽에서 나오는 길에 아말렉이 네게 행한 일을 기억하라
곧 그들이 하나님을 두려워하지 아니하고 너를 길에서 만나
너의 피곤함을 타서 네 뒤에 떨어진 약한 자들을 쳤느니라
그러므로 네 하나님 여호와께서 네게 주어 기업으로 얻게 하시는 땅에서 네 하나님 여호와께서 너로 사면에 있는 모든 대적을 벗어나게 하시고 네게 안식을 주실 때에 너는 아말렉의 이름을 천하에서 도말 할지니라
너는 잊지 말지니라" (신 25:17-19)

이 말씀들은 모두 안식일과 관련된 말씀들입니다. 안식일과 관련된 말씀을 접하다보면 한가지 의문점이 떠오르게 됩니다. 즉 "성경에서 말하는 참된 안식은 무엇일까?"라는 의문이 제기됩니다. 그러나 이러한 의문은 오늘날 우리들 뿐만 아니라 옛 구약 시대에서도 유대민족에게서 계속적으로 제기되어 온 것 같습니다. 그것은 유대인들의 안식일 법을 살펴보면 알 수가 있습니다.

우리는 "안식(安息)"이라는 낱말에서 언어의 모호성을 접하게 됩니다. 모호성이란 언어의 의미에 정확, 정밀성이 결여되어 있는 상태를 의미합니다. 일반적으로 중의성(重義性)이 언어의 의미가

제2장 개념과 언어

많은 것을 가리키는 것임에 반하여, 모호성이란 의미의 불확정성과 구체성이 결여된 상태를 가리킵니다.

　모호성의 개념을 보다 분명하게 이해할 수 있는 대표적인 예로 무지개의 일곱 빛깔을 들 수 있습니다. 일반적으로 무지개는 빨강, 주황, 노랑, 초록, 파랑, 남색, 보라 등의 일곱 빛깔을 갖고 있는 것으로 인식되어 왔습니다. 그러나 이렇게 연속되는 빛깔 중에서 노랑의 개념을 살펴보십시오. 우리는 노랑색의 존재를 무지개의 일곱 빛깔 중에서 확인할 수가 있습니다. 그러나 노랑색이 과연 어디서부터 어디까지를 말하는 것인지 일곱 빛깔의 프리즘에서 명백하게 구분하는 것은 쉽지가 않습니다. 이와 같이 낱말의 의미 경계가 불분명한 상태를 우리는 모호성이라고 부릅니다. 따라서 모호성을 그림으로 나타내면 우리는 의미 경계(意味 境界)를 다음과 같이 점선(點線)으로 표시할 수가 있습니다.

〈모호성〉

> ■■■ 논리요해
>
> 의미 경계가 불분명한 낱말이나 의미에 정확 정밀성이 결여되어 있는 상태를 언어의 모호성이라고 합니다.

따라서 모호성에서 벗어나기 위해서는 개념의 윤곽을 명확하게 규제하는 노력이 필요합니다. 성경말씀을 해석하는 데에도 모호성을 제거하려는 노력이 계속되어 왔습니다. 적합한 예로 유대인들의 안식일 법을 들 수가 있습니다. 전통적으로 유대인들은 안식일에 일을 하지 않는 것이 안식일을 거룩히 지키는 것으로 생각하였습니다. 그러나 여기서 "일을 하지 않는다"는 것이 구체적으로 어떤 상태를 지칭하는 것인지 모호합니다. 따라서 이러한 모호성을 해결하기 위해서 후에 그들은 세세한 안식일 규정을 따로 마련하게 됩니다. 그 규정에 따르면 안식일에 2km 이상 걸어다녀서는 안되며, 안식일에 불을 켜서도 안되는 등 안식일에 해서는 안되는 일들을 세밀하게 규정하였습니다. 이러한 규정을 통해서 유대인들은 안식일에 일을 하지 않고 거룩히 지키려는 노력을 하였던 것입니다. 따라서 유대인들의 안식일 법을 보더라도 성경 해석에 있어서 모호성이 차지하는 위치를 알 수가 있습니다.

현대 사회에서 사용하는 법률이나 외교 문서 및 실무적인 목적의 서류 등에서는 용어의 개념이 정확할수록 그 표현 가치가 높이 평가되는 것이 일반적입니다. 그렇다고 해서 언어의 모호성이 전혀 필요없는 것은 아닙니다. 즉 언어의 문학적 효과를 고양(高揚)시키기 위해서 언어 표현이 가지고 있는 의미의 모호성을 최대한 이용하는 경우도 있습니다. 왜냐하면 모호성은 의미의 해석과 감상에 자유로운 상상력을 구사할 수 있는 여지를 주기 때문입니다.

제3장 명제와 논리

논리의 기본은 명제입니다.
우리가 일상적으로 사용하는 문장과 명제와는 차이가 있습니다.
명제는 판단 형식의 문장을 의미합니다.
판단이란 참이나 거짓을 분명하게 이야기하는 것입니다.
논리에서 참이란 P가 P인 경우를 말하며, 그렇지 않은 경우를 거짓이라고 합니다.
또한 명제는 가리키는 범주에 따라 크게 두 가지로 구분합니다. 명제 중에서
특별히 어떤 것만을 가리키는 판단을 특칭명제라고 하며, 특정한 영역에 속한
모든 원소들을 가리키는 판단을 전칭명제라고 합니다. 명제를 사실과 관련시켜
생각하면 어떤 사실을 인정하는 문장을 긍정명제라고 하고, 그렇지 않은 문장을
부정명제라고 합니다. 개념과 관련하여서 명제는 외연과 내포를 갖습니다.
즉 주어진 개념 P를 만족케 하는 개체의 집합을 P의 외연이라고 하고,
부여된 개념을 만족시키는 모든 성질을 그 개념의 내포라고 합니다.
논리의 기본이라고 할 수 있는 명제의 속성과 요건을 생각하고,
참과 거짓, 전칭명제와 특칭명제 등 명제와 관련된 모든 사항들을 살펴봅니다.

제3장 명제와 논리

● 하나님 앞에 의인이니 ― 명제 (命題)

다음은 누가가 엘리사벳과 사가랴에 대하여 언급한 구절입니다.

"유대왕 헤롯때에 아비야 반열에 제사장 하나가 있으니 이름은 사가랴요, 그 아내는 아론의 자손이니 이름은 엘리사벳이라 이 두사람이 하나님 앞에 의인이니 주의 모든 계명과 규례대로 흠이 없이 행하더라.(눅 1:5)"

이 글에서 누가는 "이 두 사람이 하나님 앞에 의인이다"라고 언급하며 판단을 내리고 있습니다. 바로 이처럼 판단의 형식을 취하는 문장을 우리는 명제라고 합니다. 다시 말하면 명제란 어떤 속성이 어떤 사물에 속한다든지, 혹은 사물간의 관계가 성립하는 것을 반영하는 문장이라고 할 수 있습니다. 성경에는 이러한 문장이 많이 나옵니다.

명제의 요건 중에서 한가지 중요한 사실이 있습니다. 그것은 바로 명제는 참이나 거짓을 분명하게 이야기할 수 있어야만 합니다. 이런 점에서 명제는 일반적인 문장과는 차이가 있습니다.

다음의 문장을 봅시다.

"나는 샤론의 수선화요 골짜기의 백합화로구나, 여자들 중에 내 사랑은 가시나무 가운데 백합화 같구나. 남자들 중에 나의 사랑하는 자는 수풀 가운데 사과나무 같구나. (악 2:1-3)"

　이것은 솔로몬 왕이 "임을 그리는 신부의 모습"을 노래한 문장입니다. 그러나 이 문장은 명제가 아닙니다. 왜냐하면 자신의 주관적인 심리상태를 잘 표현하고 있지만, 그러나 명제가 될 수 있는 중요한 조건인 참과 거짓을 분명하게 판단할 수가 없기 때문입니다.
　"나의 누이, 나의 신부야! 네 사랑이 어찌 그리 아름다운지!" 이와 같은 감탄문이나 "나의 어여쁜 자야 일어나서 함께 가자"는 권고나 명령조의 문장도 동일한 이유로 명제가 되지 못합니다.
　"엘리사벳은 의인이다"라는 문장에서 보듯이 명제는 "S는 P이다"라는 형식을 취합니다. 명제를 보다 자세히 관찰하면 다음과 같은 세 부분으로 구성되어 있는 것을 알게 됩니다.

　　　　　엘리사벳은　의인　이다
　　　　　　↓　　　　↓　　↓
　　　　　　주어　　술어　계사

　우리는 이것을 다음과 같은 기호로 형식화하여 나타낼 수가 있습니다.

제3장 명제와 논리

명제에서 사용된 용어를 정의하면 다음과 같습니다.

주어란 주요 대상을 지시하는 명사를 말합니다.
술어는 주어를 규정하는 낱말이나, 주어와의 관계를 나타내는 낱말이라고 할 수 있습니다.
계사는 주어와 술어를 연결하여 주는 말이라고 할 수 있습니다.

> ■ ■ ■ **논리요해**
>
> 　명제란 주어, 계사, 술어, 세 부분이 합쳐서 사물간의 관계를 표현하는 판단 형식의 문장을 말합니다. 따라서 명제는 참이나 거짓을 분명하게 이야기할 수 있어야 합니다.

논술을 위한 논리

● 실로암의 망대 — 전칭 명제와 특칭 명제

두어 사람이 예수님께 나아와서 빌라도가 어떤 갈릴리 사람들의 피를 저희의 제물에 섞은 일로 예수님께 고하였습니다. 이것을 듣고 예수님은 다음과 같이 말씀하셨습니다.

> "너희는 이 갈릴리 사람들이 이같이 해 받음으로써 모든 갈릴리 사람보다 죄가 더 있는 줄 아느냐? 너희에게 이르노니 아니라 너희도 만일 회개치 아니하면 다 이와 같이 망하리라. 또 실로암에서 망대가 무너져 치어 죽은 열여덟 사람이 예루살렘에 거한 모든 사람보다 죄가 더 있는 줄 아느냐? 너희에게 이르노니 아니라 너희도 만일 회개치 아니하면 다 이와 같이 망하리라"
> (눅 13:1-5)

어떤 사람이 불행을 겪게 되면 그것을 보고서 이는 그들의 죄의 결과라고 생각하는 경향이 유대인들에게 있었던 것 같습니다. 그렇기에 그들은 예수님께 다음과 같이 이야기하였습니다.

> "어떤 갈릴리 사람들의 피를 빌라도가 저희의 제물에

제3장 명제와 논리

섞었습니다."

이러한 물음에 예수님은 무어라고 대답하셨을까요? 주님은 그들에게 불행을 당한 사람들뿐만이 아니라 모든 사람이 하나님 앞에서 죄인임을 일깨워 주셨던 것입니다.

예수님과 이 사람들의 판단에서 나타나는 차이점은 무엇일까요? 예수님께 나아 온 사람들은 죄의 결과를 어떤 특정한 사람에게만 돌리려는 것을 볼 수가 있습니다. 우리는 이처럼 특별히 어떤 것만을 가리키는 판단을 특칭판단이라고 합니다. 따라서 특칭판단 혹은 특칭명제는

"어떤 S는 P이다"
혹은 "어떤 S는 P가 아니다" 라는 형식을 지닙니다.

이 형식을 논리적인 기호로 나타내면 다음과 같습니다.

$$\exists S \rightarrow P$$

(여기에서 $\exists$는 특칭판단을 나타내는 기호입니다.)

그러나 예수님의 대답은 이 사람들과는 다릅니다. 예수님은 구성원 모두를 지칭하는 형식의 판단을 사용하였습니다. 이처럼 특정한 영역에 속하는 모든 것을 가리키는 판단을 전칭판단 혹은 전칭명제

라고 합니다. 이는 일반적으로

    "모든 S는 P이다"
  혹은 "모든 S는 P가 아니다"의 형태를 취합니다.

  이 전칭판단을 논리 기호화하여 나타내면 다음과 같습니다.

$$^\forall S \longrightarrow P$$

(∀는 "모두"를 의미하는 전칭판단 기호입니다.)

  이 두 판단에 나타나는 표현의 차이는 작지만, 그러나 이 조그만 차이가 만들어 내는 의미는 엄청나게 크다는 사실을 감지할 수가 있습니다.

  성경에는 이처럼 전칭명제와 특칭명제를 이용한 구절들이 많이 나옵니다. 따라서 전칭명제와 특칭명제의 차이를 잘 이해하는 것은 정확한 의미를 아는 지름길에 해당합니다.
  다음의 예를 살펴봅시다.

    "각 사람에게 성령의 나타남을 주심은 유익하게 하려 하심이라.

제3장 명제와 논리

　　　　어떤 이에게는 성령으로 말미암아 지혜의 말씀을
　　　　어떤 이에게는 같은 성령을 따라 지식의 말씀을
　　　　다른 이에게는 같은 성령으로 믿음을
　　　　어떤 이에게는 한 성령으로 병 고치는 은사를
　　　　어떤 이에게는 능력 행함을,
　　　　어떤 이에게는 예언함을,
　　　　어떤 이에게는 영들 분별함을,
　　　　다른 이에게는 각종 방언 말함을,
　　　　어떤 이에게는 방언들 통역함을 주시나니,
　　　　이 모든 일은 같은 한 성령이 행하사
　　　　그 뜻대로 각 사람에게 나눠주시느니라"(고전 12:7-11)

　그러나 우리가 사용하는 실제 언어에서는 특칭 명제와 전칭 명제임을 나타내는 "어떤"과 "모든"이라는 낱말이 나타나지 않고 사용되는 경우도 많습니다. 따라서 문장의 의미를 살펴서 문맥에 따라 적절한 해석을 하여 판단하여야 됩니다. 다음의 표현들을 보십시오.

　"다른 이에게는 같은 성령으로 믿음을"이라는 표현은
　"어떤 이에게는 같은 성령으로 믿음을 주신다"의 다른 표현임을 쉽게 알 수 있습니다.
　또한 눅 18:2의 표현을 봅시다.

"어떤 도시에 하나님을 두려워 아니하고 사람을 무시하는 한 재판관이 있는데" 여기서는 "모든 사람을 무시하는 어떤 재판관이 있다"는 명제와 동일한 의미로 사용되었습니다. 이처럼 문맥을 살펴 전칭명제와 특칭명제의 의미를 분명히 파악할 필요가 있습니다.

> ■■■ 논리요해
>
> 특별히 어떤 것만을 가리키는 판단을 특칭명제라고 하며
> "어떤 S는 P이다" 혹은
> "어떤 S는 P가 아니다"의 형식을 취합니다.
> 특정한 영역에 속하는 모든 것을 가리키는 판단을 전칭명제라고 하며
> "모든 S는 P이다" 혹은
> "모든 S는 P가 아니다"의 형태를 취합니다.

● 사랑의 송가 —

사랑은 오래 참고
사랑은 온유하며
　　　투기하는 자가 되지 아니하며,
사랑은 자랑하지 아니하며
　　　교만하지 아니하며
　　　무례히 행치 아니하며
　　　자기의 유익을 구치 아니하며
　　　성내지 아니하며
　　　악한 것을 생각지 아니하며
　　　불의를 기뻐하지 아니하며
　　　진리와 함께 기뻐하고
　　　모든 것을 참으며, 모든 것을 믿으며, 모든 것을 바라며,
　　　모든 것을 견디느니라 (고전 13:4-7)

　고린도전서 13장에 나오는 이 사랑의 송가를 볼 때마다 어떤 생각을 하십니까? 많은 사람들이 이 내용에 대하여 전적으로 공감하면서 자신의 생활을 돌이켜 보게 됩니다. 그렇다면 사람들이 왜 이렇게 사랑을 정의한 이 내용을 거리낌없이 받아들일까요? 그것은

아마도 설명하고 있는 내용이 사랑의 속성을 잘 묘사하고 있기 때문이라고 생각합니다. 게다가 사랑이라는 하나의 낱말을 설명하는데 이렇게 많은 문구로 표현된다는 사실이 놀랍기만 합니다.

우리는 여기에서 논리에서 말하는 명사(名辭)가 무엇인지를 알 수 있습니다. 논리에서는 명사를 "속성들의 집합"으로 정의하고 있습니다.

사랑의 송가에서 보듯이 명사는 속성들의 집합이기에 이처럼 그 속성들의 나열을 통하여 아름다운 표현들을 쓸 수 있는 것이 아닐까요?

여기에서 한가지 주의할 것이 있습니다. 논리에서 사용하는 명사(名辭)는 문법에서 이야기하는 명사(名詞)와는 다릅니다. 이는 문법적인 명사를 포함할 뿐만 아니라 대상을 가리키는 명칭이나, 그 성질을 나타내는 표현이라면 어떤 것이라도 다 해당됩니다. 따라서 "하나님의 뜻으로 말미암아 그리스도 예수의 사도된 바울"처럼 여러 개의 낱말들이 결합되어 이루어진 문구도 대상을 가리키거나 그 성질을 나타내는 표현이라면 논리적인 명사(名辭)가 될 수 있습니다.

```
┌─ ■■■ 논리요해 ─────────────────┐
│ 문법적 명사 → 사물의 이름이나 개념을 지칭하는 낱말 │
│ 논리적 명사 → 대상을 가리키는 명칭이나,          │
│              그 성질을 나타내는 표현            │
│              속성들의 집합                    │
└──────────────────────────────┘
```

요셉의 꿈과 실현 — 긍정명제와 부정명제

　요셉은 꿈꾸는 자로 알려져 있습니다. 그의 생애는 자신이 꾸었던 꿈으로 인하여 결정되었습니다. 그는 해와 달과 11별이 자신에게 절을 하는 꿈을 꾸었고, 그리고 그 후에 가족들의 곡식단이 자신의 곡식단에 절을 하는 꿈을 꾸게 되자 그 꿈 이야기를 각각 형들에게 하였다가 미움을 받게 됩니다. 이러한 미움으로 말미암아 결국에는 형들에 의해 상인들에게 팔리워져서 애굽에서 종살이를 하는 험난한 인생 여정을 겪게 됩니다. 그러나 요셉은 유혹과 누명 속에서도 오직 하나님만을 의지하며 바른 길을 가려고 노력하였습니다. 특히 애굽의 장관인 보디발의 아내의 유혹을 한마디로 거절함으로써 그는 옥살이를 하는 고초를 당합니다. 그러나 하나님은 이러한 요셉을 그대로 두지 않으셨습니다. 애굽 왕의 꿈을 해몽하게 하는 기회를 통하여 하나님은 그를 애굽의 총리 대신으로 높여 주셨습니다. 그가 총리 대신에 있을 때 애굽과 온 세계에 기근이 들어 부족한 양식을 사려고 애굽의 총리가 된 요셉에게 각국 사람들이 나아옵니다. 이 때에 요셉의 형들도 다른 지방의 사람들과 마찬가지로 양식을 얻기 위하여 요셉에게 나아와 그 앞에 엎드려 절을 합니다. 이것을 본 요셉은 옛날 자신의 꿈을 생각하면서 형들을 모른 체하며 이야기를 합니다. 다음은 요셉과 그의 형들이 대화한 내용입니다.

요셉이 형들에게 모른 체하며 이야기하되
"너희는 정탐들이라. 이 나라의 틈을 엿보려고 왔느니라."
이 말에 요셉의 형들이 대답하였습니다.
"내 주여 아니니이다. 종들은 곡물을 사러 왔나이다. 우리는 다 한 사람의 아들로서 독실한 자니 종들은 정탐이 아니니이다."

요셉과 그의 형들간의 대화 중에서 우리는 서로 상반되는 다음과 같은 문장을 볼 수 있습니다.

제3장 명제와 논리

 이 두 문장의 차이점은 무엇입니까? 이 두 문장 사이에는 어떤 사실을 인정하는 내용과, 그렇지 않은 것을 나타내는 내용의 차이가 있습니다.
 이처럼 어떤 사실을 인정하는 문장을 우리는 긍정판단 혹은 긍정명제라고 합니다. 긍정명제는 일반적으로 "S는 P이다"와 같은 형식을 지닙니다.
 또한 그렇지 않음을 나타내는 문장을 우리는 부정판단이라고 하며, 부정판단은 "S는 P가 아니다"와 같은 형식으로 표현됩니다.
 이 명제를 논리 기호화하여 나타내면 다음과 같습니다.

　　　긍정명제 S → P
　　　부정명제 S → ∼ P
　　　　　　　(∼는 부정을 의미하는 기호입니다)

■ ■ ■ 논리요해

 어떤 사실을 인정하는 문장을 긍정명제라고 합니다. 긍정명제는 "S는 P이다"와 같은 형식을 지닙니다.
 또한 그렇지 않음을 나타내는 문장을 부정명제라고 하며, "S는 P가 아니다"와 같은 형식으로 표현됩니다.

논술을 위한 논리

● 죽은 자의 부활 — 참과 거짓

　고린도전서 15장은 죽은 자의 부활에 관한 내용을 다루고 있습니다. 따라서 본 장은 부활장으로 알려져 있습니다. 당시 고린도 교회에는 죽은 자의 부활에 관한 사상으로 말미암아 많은 논쟁이 있었던 것 같습니다. 이러한 논쟁에 대하여 사도 바울은 우리가 전하는 것이 사실이 아니면 거짓 증인이 될 수밖에 없다고 말합니다. 따라서 그는 죽은 자의 부활이 없으면 그리스도 또한 살아나지 못했다는 논리로써 부활의 정당성을 강조하고 있습니다. 그 내용의 일부를 살펴보고자 합니다.

　　"그리스도께서 죽은 자 가운데서 다시 살아나셨다 전파되었거늘
　　너희 중에서 어떤 이들은 어찌하여 죽은 자 가운데서 부활이 없다 하느냐?
　　만일 죽은 자의 부활이 없으면 그리스도도 다시 살지 못하셨으리라
　　그리스도께서 만일 다시 살지 못하셨으면 우리의 전파하는 것도 헛것이요
　　또 너희 믿음도 헛것이며

제3장 명제와 논리

또 우리가 하나님의 거짓 증인으로 발견되리니 우리가 하나님이 그리스도를 다시 살리셨다고 증거하였음이라"(고전 15:12-15)

우리는 많은 판단을 하며 생활합니다. 그 판단 중에 우리는 참과 거짓을 생각하게 됩니다. 바울 사도의 말 중에서 우리는 참과 거짓이 무엇인지를 알 수 있습니다.

"참"(진리)란 무엇일까요? 일반적으로 우리가 인식하는 것이 그 대상과 일치하는 것을 참이라고 이야기합니다. 그래서 아리스토텔레스는 참에 대하여 다음과 같이 이야기했습니다.

"존재하는 것을 존재한다고 하거나 존재하지 않는 것을 존재하지 않는다고 하는 것이 참이다."

그러나 논리에서는 이를 보다 분명히 하기 위해서 T-공식을 제안하였습니다.

P가 P인 경우 단지 그 경우에만 참이다.
P is true if and only if P

이 말은 단순한 동어(同語)반복 같지만 대상 언어와 상위 언어를 구분하면은 참과 거짓을 밝혀 주는 분명한 기준이 됩니다. 즉 앞의 P는 대상 언어를 가리키고, 뒤의 P는 상위 언어를 가리킵니다.

즉 영어의 "Snow is white"라는 문장의 경우를 생각해 봅시다.

대상 언어와 상위 언어를 다르게 하여 다음과 같이 표현할 수가 있습니다.

"Snow is white"라는 문장은 "눈이 흰 경우 단지 그 경우"에만 참이다. 이처럼 대상 언어와 상위 언어를 구분하면 참과 거짓의 분명한 기준이 됨을 알 수가 있습니다.

참의 반대는 거짓입니다. 거짓은 인식과 그 반영 상태가 일치하지 않는 것을 가리키는 것입니다. 즉 거짓은 위의 T-공식에 어긋나는 경우를 의미합니다.

우리가 사용하는 명제는 항상 참이나 거짓 둘 중의 하나 만을 가리킵니다. 만일 참과 거짓이 분명하지 않다면 우리는 이를 명제라고 할 수 없습니다. 또한 어느 명제도 동시에 참과 거짓일 수는 없습니다. 참과 거짓을 분명히 하는 것이야말로 논리 명제의 기본 요건임을 기억합시다.

■■■ 논리요해

P가 P인 경우 단지 그 경우에만 참이며, 그렇지 않은 경우가 거짓입니다. 또한 참과 거짓이 분명하지 않다면 우리는 이를 명제라고 하지 않습니다.

제3장 명제와 논리

●복음 전파의 사명자— 외연과 내포

유월절에 예루살렘으로 올라가셨던 예수님께서는 가버나움으로 돌아오셔서 갈릴리 해변에서 사역을 행하였습니다. 그리고 예수님은 가버나움 근처의 산에서 밤이 맞도록 기도하였습니다. 날이 밝자 예수님께서는 제자들 중에서 12명을 택하여 그들에게 복음을 전할 사명을 맡겨 주었습니다. 그리고 그들을 사도(使徒)라 칭하셨습니다. 예수님께서 택하신 사도들은 다음과 같습니다.

> "베드로라고 이름 주신 시몬과 및 그 형제 안드레와 및 야고보와 요한과 빌립과 바돌로매와 마태와 도마와 및 알패오의 아들 야고보와 및 셀롯이라 하는 시몬과 및 야고보의 아들 유다와 및 예수를 파는 자 될 가룟 유다라"(눅 6:14-16)

여기서 한가지 질문을 할 수 있습니다. "사도란 누구를 의미합니까?" 우리는 다음과 같이 12명의 사람들의 이름을 나열함으로써 이 질문에 대한 답변을 할 수가 있습니다.

즉 베드로, 안드레, 야고보, 요한, 빌립, 바돌로매, 마태, 도마, 알

패오의 아들 야고보, 셀롯, 야고보의 아들 유다, 유다, 12명을 사도라고 이야기할 수 있습니다.

　이처럼 우리는 어떤 개념이 지시하는 사물들을 집합 식으로 나열할 수가 있습니다. 이렇게 나열된 총집합을 우리는 외연이라고 정의합니다. 다시 말하면 주어진 개념이 적용될 사물의 범위를 표시하는 이 범위의 전체를 그 개념의 외연이라고 합니다.
　그러나 이와는 달리 12명의 사도들이 갖는 공통된 특성을 생각해 볼 수 있습니다. 즉 "사도란 예수님께서 직접 택하시어 하나님의 말씀을 만방에 전할 사명을 친히 맡겨 준 제자들이다"라고 정의할 수

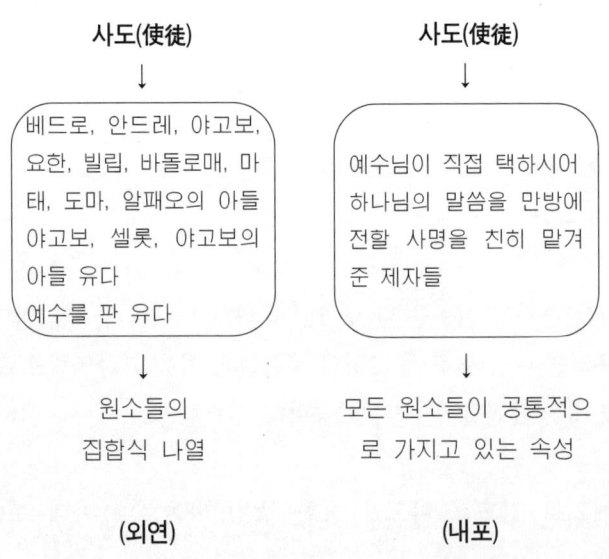

있습니다. 이처럼 집합을 표시할 경우 그 원소들이 공통적으로 가지고 있는 속성들을 우리는 내포라고 합니다.

따라서 외연과 내포의 사전적 정의를 다음에 제시합니다

> ■ ■ ■ **논리요해**
>
> 주어진 개념 P를 만족하게 하는 개체의 집합을 P의 외연이라고 하며 부여된 개념을 만족시키는 모든 성질을 그 개념의 내포라고 합니다.

여기서 흥미로운 것은 외연과 내포는 서로 상반 관계에 있다는 사실입니다.

예를 들어 한국인이라는 개념에 남자라는 징표를 덧붙여 봅시다. 그래서 한국인 남자라는 개념을 만들면 이 낱말은 속성이 증가되었기에 그 내포가 증가하였습니다. 그러나 반대로 그 속성의 증가 때문에 한국인 여자는 제외되었기에 그 외연은 감소한 것으로 볼 수 있습니다. 이처럼 내포와 외연은 서로 상반 관계로 맺어져 있습니다. 그러나 외연과 내포의 증감은 그 방향에 있어서 상반할 뿐이지 수학적 의미로 일정한 비례를 하는 것은 아닙니다. 또한 두 문장이나 개체간에 내포가 같으면 그 두 문장이나 개체의 외연은 반드시 같습니다.

제4장 추리와 사고의 법칙

새로운 판단을 이끌어 내는 사고의 과정을 추리라고 합니다.
추리는 결론을 도출하는 과정에 따라 연역 추리와 귀납 추리의
2가지 유형으로 구분됩니다. 개개의 사례를 관찰하고 총괄하여
거기에서부터 도출될 수 있는 일반 진리를 이끌어 내는 추리를 귀납 추리라고 하며,
증명된 명제들을 사용하여 적절한 추리 규칙을 통해서
일련의 다른 명제를 도출하는 방법을 연역 추리라고 합니다.
추리는 사람들의 이성적인 사고 과정이기 때문에
여기에는 지켜야 할 전제들이 있습니다.
기본적인 전제로 동일률, 배중률, 모순율의 세 가지를 들 수 있습니다.
동일률이란 동일한 사유 과정에서 개념과 판단은
반드시 동일성을 유지해야 한다는 사고의 법칙이며,
모순율은 "무엇이 있다고 하면서 동시에 없다"고는 말하지 못한다는 것입니다.
배중률이란 모순되는 두 개념 중에서 이것도 저것도 아닌 중간 판단은
개입할 수 없다는 것입니다.

제4장 추리와 사고의 법칙

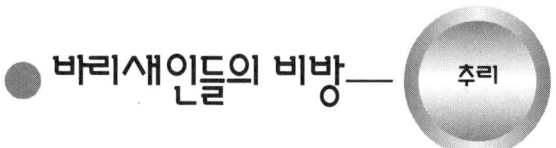
바리새인들의 비방 — 추리

예수님께서 세관 앞을 지나실 때에 레위라 하는 세리가 앉아 있었습니다. 예수님이 이것을 보시고 그에게 "나를 좇으라"고 말씀하셨습니다. 그러자 레위는 모든 것을 버리고 예수님을 좇았습니다. 그런데 예수님의 제자가 된 이 레위가 예수님을 위하여 자기 집에서 큰 잔치를 하였습니다. 큰 잔치 자리에는 예수님뿐만 아니라 세리와 다른 사람들이 함께 하였습니다. 이때에 예수님을 대적하는 바리새인과 서기관들이 그 제자들에게 다음과 같이 비방하였습니다.

"너희가 어찌하여 세리와 죄인과 함께 먹고 마시느냐?"

이러한 비방에 대해 예수님께서는 다음과 같이 대답하셨습니다.

"건강한 자에게는 의원이 쓸 데 없고
병든 자에게라야 쓸 데 있나니,
내가 의인(의로운 사람)을 부르러 온 것이 아니요
죄인을 불러 회개시키러 왔노라"(눅 5:30-32)

우리는 여기서 바리새인들에게 하신 예수님의 비유를 살펴볼 필요성이 있습니다. 즉 예수님의 비유는 논리적인 전개 과정에 아주 적절하게 사용되었습니다.

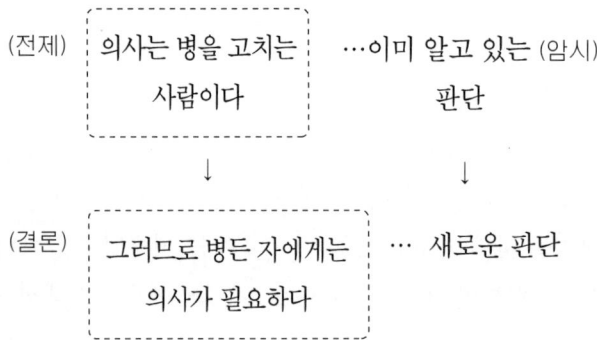

이처럼 예수님은 사람들이 알고 있는 사실을 근거로 하여 새로운 결론을 도출하였습니다. 그리하여 대적자들의 비방에 효과적으로 대처하였던 것입니다. 이러한 규칙과 생각의 방법을 우리는 추리라고 합니다. 철학 사전에서는 추리(推理)를 다음과 같이 정의합니다.

> ■■■ 논리요해
> 미리 알고 있는 하나 또는 둘 이상의 판단으로부터 새로운 하나의 판단을 이끌어 내는 사고 과정을 추리라고 합니다.

즉 미리 알고 있는 판단을 근거로 하여 새로운 판단을 이끌어 낼

제4장 추리와 사고의 법칙

수 있는 사고의 과정을 추리라고 합니다. 정확한 추리를 하기 위해서는 우리가 평소에 경험하는 일들을 자세히 관찰하고 객관화할 필요가 있습니다. 왜냐하면 논리적 추리는 이미 알고 있는 판단이 기초가 되기 때문입니다.

포도원 소작인의 비유 — 추리의 유형

한 집 주인이 있었습니다.

그는 포도원을 만들고 산울로 두르고 거기 즙짜는 구유를 파고 망대를 지었습니다. 그 후에 농부들에게 그 포도원을 세(貰)로 주고 타국에 갔습니다.

그 곳에서 오래 있게 되자 때가 되어 그가 포도원 소출 얼마를 바치게 하려고 한 종을 농부들에게 보냈습니다.

그러자 농부들이 그 종을 심히 때리고 거저 보내었습니다.

주인이 다시 다른 종을 보내자 그도 심히 때리고 능욕하고 거저 보내었습니다.

다시 세 번째 종을 보내니 이도 상하게 하고 내어쫓았습니다.

마지막으로 주인은 자기 아들을 보내며

"그들이 내 아들은 존경하겠지" 하였으나 농부들은 아들을 보자 "이 사람은 상속자이다. 자, 죽여 버리고 그가 받을 유산을 우리가 차지하자"

하고 아들을 끌어내 죽였습니다.

이 말씀을 하신 후에 예수님은 사람들에게 질문하셨습니다.

제4장 추리와 사고의 법칙

"포도원 주인이 돌아오면 그 소작인들을 어떻게 하겠느냐?"

그러자 사람들이 대답하였습니다.

"그 악한 사람들을 무참히 죽이고 포도원은 제 때에 열매
를 주인에게 바칠 다른 농부들에게 맡길 것입니다."
(마 21:33-41)

예수님께서 들려주신 이 포도원 소작인의 비유에서는 농부들이 악한 자라는 사실을 잘 보여주고 있습니다. 그렇기에 우리는 농부들이 악한 자라는 사실을 보여주는 그 과정을 살펴볼 필요가 있습

니다. 즉 예수님은 세 명의 농부와 주인의 아들을 포도원에 보내는 과정을 통해서 결론을 보여주고 있습니다. 그 과정을 묘사하면 다음과 같습니다.

    (사례1) 농부들이 첫 번째 종을 때리고 거저 보냈다.
    (사례2) 농부들은 두 번째 종도 때리고 거저 보내었다.
    (사례3) 농부들이 세 번째 종도 때리고 거저 보내었다.
    (사례4) 이 농부들은 주인의 아들도 포도원 밖으로
           끌어내 죽이었다.

    (결 론) 따라서 이 농부들은 진멸할만한 악한 자들임
           에 틀림없다.

이 비유에서는 추리의 유형 중에서 귀납 추리에 해당하는 방법을 사용하고 있습니다. 즉 귀납 추리가 무엇인지를 잘 보여주고 있습니다. 귀납 추리란 이 비유에서와 같이 개개의 사례를 관찰하고 총괄하여 거기에서부터 도출될 수 있는 일반 진리를 이끌어내는 추리 방법을 말합니다. 따라서 예수님의 비유에서도 농부들의 악함을 직접 설명하기보다는 오히려 개개의 사례를 나열하여서 결론을 도출케 하고 있습니다.

그러나 우리는 비유를 듣고서 예수님의 물음에 답한 사람들의 추리 과정을 살펴볼 필요성이 있습니다. 왜냐하면 그들의 추리과정은 귀납추리와는 다른 방법을 사용하고 있기 때문입니다. 그들의 추리 과정은 다음과 같습니다.

(대전제) **모든 악한 자들을 진멸해야 마땅하다.** (암시)
(소전제) 이 농부들은 악한 자들이다.

(결 론) 따라서 이 농부들을 진멸하여야 마땅하다.

이들의 추리 과정은 예수님께서 비유에서 사용한 추리 과정과는 차이가 있습니다. 이들은 개개의 사례들을 나열하기보다는 증명된 명제들을 사용하여 적절한 추리 규칙을 통해서 일련의 다른 명제를 도출해 내고 있습니다. 즉 "악한 자는 진멸해야 된다"는 일반적인 상식을 전제로 하여, 이 전제에 "농부들이 악한 자"라는 사실을 결부시키고 있습니다. 이렇게 함으로써 그들은 "농부들을 마땅히 진멸해야 한다"는 결론에 도달하고 있습니다. 이처럼 증명된 명제로부터 다른 명제를 도출해 내는 과정을 연역 추리라고 합니다.

결론을 도출하는 과정은 하나가 아닙니다. 따라서 상황에 따라 적절한 과정을 선택하여 적합한 결론을 도출할 수가 있어야 합니다. 귀납 추리와 연역 추리는 대표적인 추리의 유형이라고 할 수 있습니다. 그러나 이 두 유형은 상호보완적인 성격을 지니고 있기에 논지에 따라 적합한 유형을 선택할 때에 논리적 효과를 상승시킬 수가 있습니다.

논술을 위한 논리

■■■ 논리요해
연역 추리 : 증명된 명제들로부터 일련의 과정을 거쳐 다른 명제를 도출하는 추리 방법
귀납 추리 : 개개의 사례를 관찰하고 총괄하여 거기서부터 도출될 수 있는 일반 진리를 끌어내는 추리 방법

제4장 추리와 사고의 법칙

● 영원토록 동일하시니라 — 동일률

"예수 그리스도는 어저께나 오늘이나
영원토록 동일(同一)하시니라"(히 13:8)

"그것들은 멸망할 것이나 오직 주는 영존할 것이요
그것들은 다 옷과 같이 낡아지리니 의복처럼 갈아입을
것이요 그것들이 옷과 같이 변할 것이나 주는 여전하여
연대가 다함이 없으리라"(히 1:11,12)

    히브리서의 본문에서는 우리 주님의 불변하신 사랑과 변함없으신 전능하심을 보여주고 있습니다. "주는 여전하여라"는 이 한마디와 "어저께나 오늘이나 영원토록 동일하다"는 말씀 속에는 바로 우리들이 믿는 신앙의 대상인 하나님께 대한 신앙고백이 들어 있습니다. 만일 하나님이 순간 순간마다 변화되는 존재이시라면 하나님께 대한 우리의 신앙도 그 때마다 달라져야만 합니다. 그렇다면 우리의 신앙과 하나님이 지으신 이 세상은 엄청난 혼돈 속에 빠지게 될 것입니다. 그렇기에 우리는 "하나님은 하나님이시다"라고 분명하게 말할 수 있습니다. 이처럼 "A는 A이다"라고 표현하는 사고의 규칙을 우리는 동일률이라고 합니다. 동일률을 기호로 나타내면 다음과 같습니다.

$$A \rightarrow A$$

　이는 동일한 사유 과정에서 개념과 판단은 반드시 동일성을 유지해야 한다는 사고의 법칙입니다.

　그러나 우리 사람들은 어떻습니까? 처음과 나중이 동일하지 않기에 일어나는 문제들이 많이 있습니다. 그와 관련된 예로 우리는 예수님의 수제자(首弟子)인 베드로를 들 수가 있습니다. 예수님께서 잡히시기 전에 베드로는 다른 제자들을 대표하여 말했습니다. "다 버릴지라도 나는 그렇지 않겠나이다" 이 말을 들은 예수님은 베드로에게 말씀하셨습니다. "내가 진실로 진실로 네게 이르노니 오늘 이 밤 닭이 두 번 울기 전에 네가 나를 세 번 부인하리라" 이 말을 듣고 베드로는 예수님의 말을 힘있게 부인했습니다. 그러나 예수님이 잡히시던 날 밤의 수제자인 베드로의 태도는 어떠했습니까? 뜰에 있을 때에 한 비자(婢子)와 다른 사람이 나아 와서 "너는 갈릴리 사람이니 참으로 그 당이니라"고 하자 베드로는 저주하며 맹세하며 말하였습니다. "너희의 말하는 이 사람을 알지 못하노라" (참고 : 막 14:66-72)

　베드로의 이러한 행동에서 잘못

된 점은 무엇일까요? 그것은 처음과 나중이 달라졌다는 점입니다. 만일 사람이 죄를 지어놓고 시간이 지난 후에 죄를 범한 사람은 자신이 아니었다고 주장하고 또한 그 주장이 당연한 것으로 받아들여진다면 세상은 엄청난 혼란 속에 빠지고 말 것입니다. 우리는 여기서 논리적 사고를 할 때 반드시 지켜야 할 것이 무엇인지를 알 수가 있습니다. 처음과 나중이 동일해야 된다는 점입니다. 이것을 우리는 동일률이라고 부릅니다.

> ■ ■ ■ 논리요해
>
> 동일률이란 동일한 사유 과정에서 개념과 판단은 반드시 동일성을 유지해야 한다는 사고의 법칙으로 "A는 A이다"라고 표현됩니다.

논술을 위한 논리

지혜없는 자같이 말고 —— 모순율

다음에 제시된 말씀들을 살펴 보십시오.

"모이기를 폐하는 어떤 사람들의 습관과 같이 하지 말고"
(히 10:25)

"그런즉 너희가 어떻게 행할 것을 자세히 주의하여 지혜 없는 자같이 말고 오직 지혜 있는 자같이 하여"(엡 5:15)

"나는 너희를 위하여 기도하기를 쉬는 죄를 여호와 앞에 결단코 범치 아니하고"(삼상 12:23)

"그러나 우리는 분량 밖의 자랑을 하지 않고 오직 하나님이 우리에게 분량으로 나눠주신 그 분량의 한계를 따라 하노니"
(고후 10:13)

이 말씀들의 공통성은 무엇이라고 생각하십니까? 표현적인 면에서 살펴보면 이 말씀들은 다같이 "A는 비(非)A가 아니다"라는 형식을 보여주고 있습니다. 이러한 형식을 지니는 명제들을 우리는 모순율이라고 합니다. 본래 모순이라는 낱말은 동양의 고사 성어에서 나왔습니다.

　즉 옛날 중국 초(楚)나라에 한 사람이 있었습니다. 이 사람은 날마다 시장에 나가서 창(矛)과 방패(盾)를 팔았습니다. 하루는 이 사람이 시장에 나가서 창을 팔면서 "이 창은 어떠한 방패라도 다 뚫는 아주 좋은 방패입니다"라고 이야기하였습니다. 또한 방패를 팔면서는 "이 방패는 어떠한 창으로도 뚫을 수 없는 세상에서 가장 좋은 방패입니다"라고 말을 하였습니다. 이 때에 어느 사람이 지나가다가 이 말을 듣고서 그 장사꾼에게 물어보았습니다. "그러면 너의 창으로 너의 방패를 뚫어보면 어떻게 되겠느냐?"고 말하였습니다. 이 말을 듣고서 그 사람은 얼굴이 벌개져서 대답이 막혔다고 합니다.
　바로 이 고사에서 한자(漢字)의 창을 뜻하는 모(矛)자와 방패를 뜻하는 순(盾)자를 합하여서 모순이라는 낱말이 나왔다고 합니다.

　따라서 우리는 "무엇이 있다고 하면서 동시에 없다"고 할 수는 없습니다. 그렇기에 모순율은 동일률의 다른 표현이라고도 할 수 있습니다. "나는 사람이다" 하면서 동시에 "나는 사람이 아니다"라고 말하는 사람을 본다면 우리는 그 사람을 어떻게 생각하겠습니까? 바로 정신이상자로 간주할 것입니다. 이러한 사실이 우리가 이미 모순율을 인정하고 있다는 증거입니다.
　모순율을 기호로 나타내면 다음과 같습니다.

"A는 비(非) A가 아니다"

$$A \neq \sim A$$
(≠는 동일하지 않다는 기호입니다.)

이 모순율을 다른 말로는 "이중 부정의 원리" 혹은 "차이의 원리"라고도 부릅니다. 특히 사람들은 논증을 할 때에 논증 대상과 대상이 아닌 것을 비교하여 설명하는 경우가 종종 있습니다. 모순율은 이러한 부정판단의 기초가 되기 때문에 대단히 중요한 논리법칙입니다.

> ■ ■ ■ 논리 요해
>
> 모순율은 "무엇이 있다고 하면서 동시에 없다"고 할 수 없다는 것으로 동일률의 다른 표현이라고 할 수 있습니다. 따라서 모순율은 "A는 비(非)A가 아니다"라는 형식의 이중부정으로 표현됩니다.

제4장 추리와 사고의 법칙

● 빛과 어둠이 어찌 사귀며 — 배중률

"너희는 믿지 않는 자와 멍에를 같이 하지 말라
의와 불법이 어찌 함께 하며 빛과 어두움이 어찌 사귀며
그리스도와 벨리알이 어찌 조화(調和)되며
믿는 자와 믿지 않는 자가 어찌 상관하며
하나님의 성전과 우상이 어찌 일치가 되리요.
우리는 살아 계신 하나님의 성전이라
이와 같이 하나님께서 가라사대
내가 저희 가운데 거하며 두루 행하여
나는 저희 하나님이 되고
저희는 나의 백성이 되리라 하셨느니라
그러므로 주께서 말씀하시기를
너희는 저희 중에서 나와서 따로 있고 부정한 것을
만지지 말라
내가 너희를 영접하여 너희에게 아버지가 되고
너희는 내게 자녀가 되리라
전능하신 주의 말씀이니라 하셨느니라." (고후 6 : 14-18)

이 말씀에서는 성도는 믿지 않는 자와 멍에를 같이 하지 말라는

내용을 담고 있습니다. 그런데 이러한 내용을 표현하기 위하여 이 말씀에서 사용하는 논리적인 전개 방식은 하나의 논리법칙화 될 수 있는 것들입니다. 즉 이 말씀에는 두 개의 서로 상반(相反)되고 모순되는 낱말이 병립되어서 사용되고 있습니다. 이처럼 두 개의 모순된 개념에는 진리가 두 개념 이외의 제 3의 판단에 존재하지 않음을 밝히는 내용으로 구성되어 있습니다. 우리는 이처럼 모순되는 두 개념 중 어느 한편이 반드시 참이어야 한다는 생각을 배중률이라고 합니다. 다시 말하면 배중률이란 "빛이면 빛이고, 어둠이면 어둠이다"라고 분명하게 판단해야 된다는 것입니다. 모순되는 개념에서 이것도 저것도 아닌 중간 판단은 개입될 수 없다는 것이 배중률입니다.

따라서 배중률이란 A는 B이든가 혹은 B가 아니든가 둘 중의 하나라는 형식을 지니게 됩니다. 즉 한 사실을 긍정하면서 동시에 부정할 수는 없습니다. 또한 부정하면서 동시에 긍정할 수도 없습니다. 이를 기호로 나타내면 다음과 같이 표현됩니다.

$\sim (A \wedge \sim A)$

(A이면서 동시에 A가 아닌 것은 있을 수 없다)
($\wedge$는 동시성을 나타내는 논리기호입니다)

모순된 두 판단 사이에 제 3의 판단을 허용한다는 것은 논리적으로는 이미 우리의 일상적인 사유(思惟)자체를 부정하는 결과가 되기 때문입니다.

  이 말씀에서는 이러한 일반화된 논리 법칙을 이용하여 우리 성도들이 살아 가야 할 행동의 지표를 제시하여 주고 있습니다. 즉 성도는 의(義)와 빛으로써 살아가야 한다는 행동의 지표를 배중률이란 논리 법칙을 이용하여 보여줍니다. 따라서 배중률은 사고의 기본 법칙이라고 할 수 있습니다.

제5장 논리와 추리1-연역 추리

전제된 명제가 참이면 새로 도출된 명제도 항상 참이 되는
확실한 추리 방법을 연역 추리라고 합니다.
연역 추리란 일반적인 명제를 전제로 하여 개별적인 명제를
결론으로 도출하는 데에 사용됩니다. 연역 추리는 추리의 단계에
따라 직접 추리와 간접 추리 두 가지로 구분합니다.
직접 추리란 결론을 도출하는 데에 전제된 명제 외에
다른 명제나 판단을 필요로 하지 않는 추리 방법을 말하며,
자리 바꿈법과 특성 바꿈법 두 가지를 기본으로 하고 있습니다.
자리 바꿈법이란 조건 판단과 주요한 판단이 서로 자리를 바꾸어서
새로운 결론을 도출하는 방법이고, 특성 바꿈법이란 자리는 그대로 유지하면서
판단의 질을 바꾸어서 새로운 결론을 도출하는 추리 방법을 말합니다.
간접 추리는 대전제와 소전제의 두 개의 전제를 기초로 하여
새로운 결론을 도출하는 추리 방법이라고 할 수 있습니다.
이를 방법 면에서는 삼단 논법이라고 부르며,
삼단 논법 중에 일부가 생략되어 있는 추리 방법을 생략
삼단 논법이라고 합니다.

제5장 논리와 추리1-연역 추리

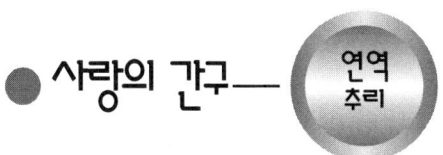
● 사랑의 간구— 연역 추리

주후 90년경 사도 요한은 그리스도께서 육체로 오신 것을 부인하는 무리들을 논박하기 위하여 편지를 썼습니다. 그는 이 편지에서 성도들로 하여금 그리스도를 본받아 사랑을 실천할 것을 요청합니다. 이 편지가 바로 요한일서입니다. 다음은 요한일서에 나타난 사랑의 간구를 요청한 내용의 일부입니다.

"그를 향하여 우리의 가진 바 담대한 것이 이것이니
그의 뜻대로 무엇을 구하면 들으심이라
우리가 무엇이든지 구하는 바를 들으시는 줄을 안즉
우리가 그에게 구한 그것을 얻은 줄을 또한 아느니라
누구든지 형제가 사망에 이르지 아니한 죄
범하는 것을 보거든 구하라
그러면 사망에 이르지 아니하는 범죄자들을 위하여
저에게 생명을 주시리라"(요일 5 : 14, 15)

이 말씀에서는 사도 요한의 논리가 전개되어 있습니다. 그는 논리 전개를 통하여 성도들이 담대한 마음으로 기도하며 기뻐하고 살 것을 권면하고 있습니다. 이 내용을 정리하면 다음과 같습니다.

(대전제) 하나님은 무엇이든지 구하는 바를 들으신다.
(소전제) 우리들이 어떤 것을 구한다.
(결 론) 따라서 하나님은 우리가 구하는 것을 당연히 들어주신다.

　이러한 논리 전개방식을 따라 사도 요한은 형제가 사망에 이르지 아니한 죄 범하는 것을 보거든 누구든지 하나님께 사랑으로 구하라고 요청합니다. 이와 같이 일반적인 명제를 전제로 하여 개별적인 명제를 결론으로 도출하는 방법을 우리는 연역 추리라고 합니다. 연역 추리는 일반적으로 전제된 명제가 참이면 새로 도출된 명제도 항상 참이 되는 확실한 추리 방법이라고 할 수 있습니다. 그러나 전제가 참인지 불명확하다면 도출된 명제도 참임을 확신할 수가 없습니다. 따라서 연역 추리가 성립될 수 있는 기본 조건은 전제된 명제가 참이라는 사실이 증명되어야 합니다. 연역 추리는 전제로부터 결론을 이끌어 내는 과정에 따라 직접 추리와 간접 추리의 두 가지 유형으로 구분합니다.

■ ■ ■ 논리요해

　연역 추리란 일반적인 명제를 전제로 하여 개별적인 명제를 결론으로 도출하는 방법을 말합니다. 연역 추리가 성립될 수 있는 기본 조건은 전제된 명제가 참이라는 사실이 증명되어야 합니다.

제5장 논리와 추리 - 연역 추리

● 포도나무와 가지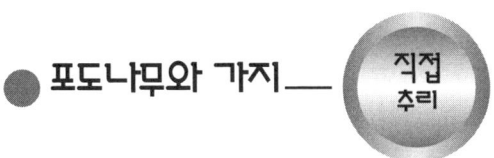

하루는 가롯인이 아닌 다른 유다가 예수님께 나아와서 말했습니다.

"주여! 어찌하여 자기를 우리에게는 나타내시고 세상에게는 아니하려하시나이까?"

유다의 질문에 예수님은 다음과 같이 대답하셨습니다.

"사람이 나를 사랑하면 내 말을 지키리니 내 아버지께서 저를 사랑하실 것이요 우리가 저에게 와서 거처를 저와 함께 하리라.

나를 사랑하지 아니하는 자는 내 말을 지키지 아니하나
니 너희의 듣는 말은 내 말이 아니요 나를 보내신 아버
지의 말씀이니라"(요 14:22-24)

우리는 위 대화에서 예수님께서 사용하신 논리적인 추리방법을 발견할 수가 있습니다. 예수님의 말씀을 논리적 추리로 분석하면 다음과 같습니다.

(전제) 나를 사랑하는 자는 나의 말을 지킬 것이다.
―――――――――――――――――――――――――
(결론) 따라서 나를 사랑하지 않는 자는 나의 말을 지키
지 않는다.

이처럼 어떤 명제를 전제로 하여 거기에서부터 다른 논리적 단계를 거치지 않고 바로 결론을 이끌어 내는 추리 방법을 직접 추리라고 합니다. 따라서 직접 추리는 결론을 도출하는 데에 전제된 명제 외에 다른 명제나 판단을 필요로 하지 않습니다.

요한복음 15장에 나오는 예수님께서 하신 포도나무의 비유를 한 번 살펴봅시다.

"내가 참 포도나무요 내 아버지는 그 농부라

제5장 논리와 추리 - 연역 추리

"무릇 내게 있어 과실을 맺지 아니하는 가지는 아버지께서 이를 제해 버리시고 무릇 과실을 맺는 가지는 더 과실을 맺게 하려 하여 이를 깨끗하게 하시느니라
너희는 내가 일러준 말로 이미 깨끗하였으니 내 안에 거하라 나도 너희 안에 거하리라 가지가 포도나무에 붙어 있지 아니하면 절로 과실을 맺을 수 없음같이 너희도 내 안에 있지 아니하면 그러하리라
나는 포도나무요 너희는 가지니 저가 내 안에, 내가 저 안에 있으면 이 사람은 과실을 많이 맺나니 나를 떠나서는 너희가 아무 것도 할 수 없음이라." (요 5:1-5)

이 말씀에서 예수님은 자신을 포도나무에 비유하고 있습니다. 그러면서 가지와 포도나무와의 관계를 이용하여 다음과 같은 직접 추리를 하고 있는 것을 알 수 있습니다.

(전제) 가지가 포도나무에 붙어 있지 아니하면 과실을 맺을 수가 없다.

(결론) 따라서 가지가 포도나무에 붙어 있을 때에 과실을 많이 맺을 수가 있다.

따라서 하나의 전제로부터 직접 새로운 결론을 이끌어 내는 추리 방식을 우리는 직접 추리라고 합니다. 이 추리방식은 결론을 도출하는 데에 전제된 명제 외에 다른 명제나 판단을 필요로 하지 않습니다.

> ■■■ 논리요해
>
> 직접 추리란 결론을 도출하는 데에 전제된 명제외에 다른 명제나 판단을 필요로 하지 않는 추리 방법을 의미합니다.

제5장 논리와 추리1-연역 추리

　직접 추리는 유형에 따라서 여러 종류가 있습니다. 이곳에서는 직접 추리의 기본적인 유형에 해당하는 두 가지 만을 살펴보겠습니다.

1. 자리 바꿈법-환위법(換位法)

　자리 바꿈법이란 조건 판단과 주요한 판단이 서로 자리를 바꾸어서 새로운 결론을 도출하는 방법을 말합니다. 이미 앞에서 살펴보았던 표현을 살펴보고자 합니다.

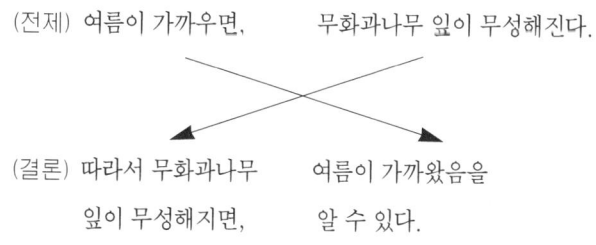

　위의 예에서 보듯이 전제와 결론에서 주요한 판단이 서로 자리를 바꾸어서 나타내고 있음을 볼 수 있습니다. 이처럼 자리 바꿈법(환

위법)이란 판단의 질은 바뀌지 않고 단지 그 배열의 위치만이 달라지는 추리 방식이라고 할 수 있습니다. 이를 도표로 나타내면 다음과 같습니다.

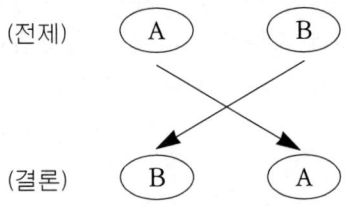

성경에서 사용하고 있는 자리 바꿈법의 예들을 살펴보면 개념의 이해에 큰 도움이 될 것입니다.

1) 막 8 : 35

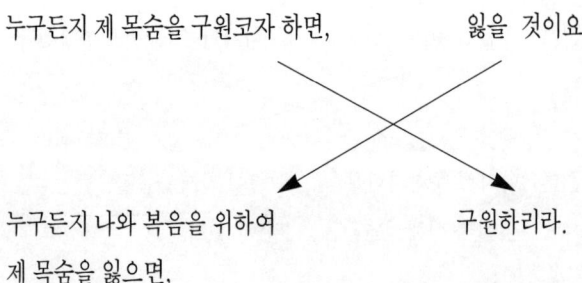

2) 요일 3 : 9

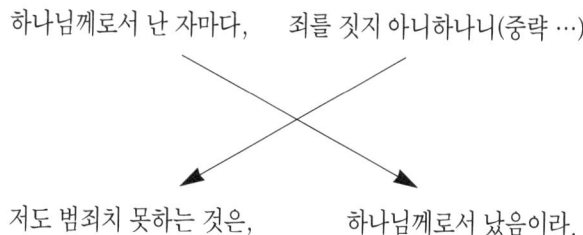

2. 특성 바꿈법 – 환질법(換質法)

특성 바꿈법은 자리 바꿈법과는 달리 위치는 그대로 있으면서 판단의 질이 바뀌는 추리를 말합니다.

마 6 : 14, 15절 말씀을 보십시오.

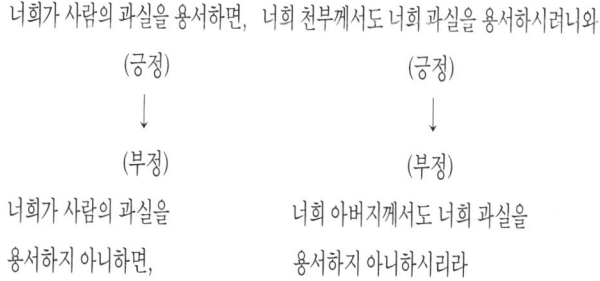

이 말씀의 특징은 무엇일까요? 이 말씀에서는 긍정판단이 부정

판단으로 바꾸어서 결론을 도출하고 있습니다. 이처럼 긍정판단은 부정판단으로 혹은 부정판단은 긍정판단으로 판단의 질을 바꾸어서 새로운 결론을 도출하는 추리 과정을 우리는 특성 바꿈법이라고 합니다. 특성 바꿈법의 도식은 다음과 같이 나타낼 수가 있습니다.

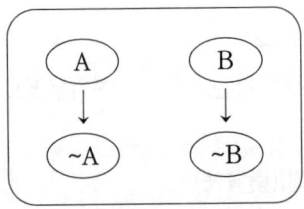

성경에서는 이러한 특성 바꿈법을 사용하여 진리의 말씀을 전하는 내용들이 많이 있습니다. 다음의 말씀들은 특성 바꿈법에 해당하는 예들입니다.

1) 요일 5: 11

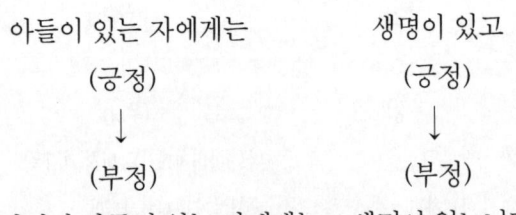

2) 요 16 : 7

　　내가 떠나가지 아니하면, 보혜사가 너희에게 오시지 아니할 것이요
　　　　　　(부정)　　　　　　　　(부정)
　　　　　　　↓　　　　　　　　　　↓
　　　　　　(긍정)　　　　　　　　(긍정)
　　　　(떠나)가면,　　　그(보혜사)를 너희에게 보내리니

3) 마 15 : 11

　　입에 들어가는 것이 사람을 더럽게 하는 것이 아니라
　　입에서 나오는 그것이 사람을 더럽게 하는 것이니라.

4) 마 12 : 35

　　선한 사람은 그 쌓은 선(善)에서 선한 것을 내고
　　악한 사람은 그 쌓은 악(惡)에서 악한 것을 내느니라.

5) 창 20 : 7

　　이제 그 사람의 아내를 돌려보내라
　　…… 중략 ……　네가 살려니와
　　네가 돌려보내지 않으면
　　너와 네게 속한 자가 다 정녕 죽을 줄 알지니라.

6) 요일 4 : 7, 8

사랑하는 자마다 (하나님께로 나서) 하나님을 알고
사랑하지 아니하는 자는 하나님을 알지 못하나니

7) 요 3 :

저를 믿는 자는 심판을 받지 아니하는 것이요
믿지 아니하는 자는 (… 중략 …) 벌써 심판을 받은 것
이니라.

┌─ ■■■ 논리요해 ─────────────────┐
│   직접 추리의 기본적인 유형으로는 자리 바꿈법과 특
│ 성 바꿈법 두 가지가 있습니다.
│   자리 바꿈법이란 조건 판단과 주요한 판단이 서로 자
│ 리를 바꾸어서 새로운 결론을 도출하는 방법을 말합니다.
│   특성 바꿈법이란 긍정판단은 부정판단으로 혹은 부정
│ 판단은 긍정판단으로 판단의 질을 바꾸어서 새로운 결
│ 론을 도출하는 추리 과정을 말합니다.
└──────────────────────────┘

제5장 논리와 추리1-연역 추리

● 그의 말씀을 지키는 자 — 직접 추리의 종류 2

이 곳에서는 직접 추리의 기본적인 두 가지 유형을 보다 복합적으로 적용한 추리들을 살펴보려고 합니다. 따라서 이 곳에 나오는 추리들을 이해하기 위해서는 앞장의 내용을 완벽하게 소화하는 것이 중요합니다.

3. 특성, 자리 바꿈법 – 환질환위법(換質換位法)

특성, 자리 바꿈법(환질환위법)이란 위에서 살펴본 특성 바꿈법과 자리 바꿈법을 거듭 적용하여 새로운 판단을 이끌어 내는 방식을 말합니다. 즉 어떤 명제에 먼저 특성을 변화시키고, 그런 후 또 다시 위치를 변화시켜서 새로운 판단을 이끌어 내는 것을 말합니다.

> "나의 자녀들아 내가 이것을 너희에게 씀은 너희로 죄를 범치 않게 하려 함이라
> 만일 누가 죄를 범하면 아버지 앞에서 우리에게 대언자(代言者)가 있으니
> 곧 의로우신 예수 그리스도시라 저는 우리 죄를 위한 화목 제물이니

우리만 위할 뿐 아니요 온 세상의 죄를 위하심이라

우리가 그의 계명을 지키면 이로써 우리가 저를 아는 줄로 알 것이요

저를 아노라 하고 그의 계명을 지키지 아니하는 자는 거짓말하는 자요 진리가 그 속에 있지 아니하되

누구든지 그의 말씀을 지키는 자는 하나님의 사랑이 참으로 그 속에서 온전케 되었나니

이로써 우리가 저 안에 있는 줄을 아노라

저 안에 거한다 하는 자는 그의 행하시는 대로 자기도 행할지니라"(요일 2:1-6)

이 말씀 4-6절에서의 논리 전개 방식을 자세히 살펴보면 환질과 환위의 과정을 각각 거쳐서 새로운 결론을 도출하고 있는 것을 볼 수가 있습니다. 이를 논리 과정에 맞게 재구성하여 보면 다음과 같습니다.

원명제 : 그의 계명을 지키지 아니하는 자는, 진리가 그 속에 있지 아니하나니.
      (부정)   (부정)
  (특성바꿈)   ↓   ↓
      (긍정)   (긍정)

중간명제 : 그의 말씀을 지키는 자는, 하나님의 사랑이 그 속에서 온전케 되었다.

(자리바꿈)

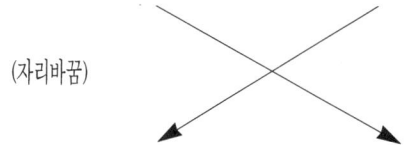

결론 : 저 안에 거한다 하는 자는,   그의 행하시는 대로 자기도 행하여야 한다.

이처럼 어떤 명제를 특성을 바꾼 다음에 이를 다시 자리바꿈법을 적용하여 새로운 판단을 이끌어 내는 추론 과정을 특성, 자리 바꿈 법(환질환위법)이라고 부릅니다. 이를 도표로 나타내면 다음과 같습니다.

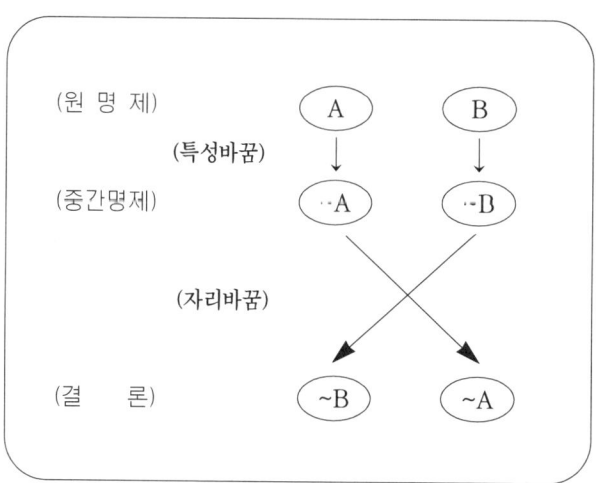

4. 동시 바꿈법 – 이환법(二換法)

　동시 바꿈법이란 특성 바꿈법과 자리 바꿈법을 동시에 적용하는 추리 과정을 말합니다. 특성, 자리 바꿈법과 차이가 있다면 특성, 자리 바꿈법은 특성을 바꾼 명제를 다시 자리 바꿈하는 과정을 거쳐서 새로운 판단을 얻는 것임에 반하여, 동시 바꿈법은 이러한 과정을 거치지 않고 동시에 적용하여 새로운 결론을 이끌어 내는 과정상의 차이가 있습니다. 요 8 : 47의 다음 말씀을 보십시오.

전제 : 하나님께 속한 자는　하나님의 말씀을 듣나니
　　　　　(긍정)　　　　　　　(긍정)

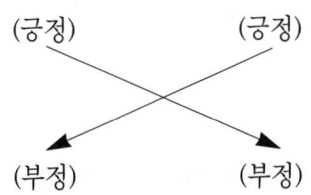

　　　　　(부정)　　　　　　　(부정)
결론 : 너희가 듣지 아니함은　하나님께 속하지 아니하였음이로다.

　즉 특성 바꿈법과 자리 바꿈법이 중간 과정을 거치지 않고 동시에 적용되어 결론을 이끌어 내고 있는 것을 볼 수가 있습니다. 따라서 중간과정을 거치지 않는 이러한 추리 과정을 동시 바꿈법이라고 합니다. 이를 도표로 나타내면 다음과 같습니다.

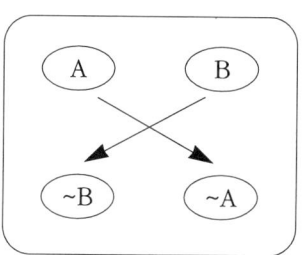

다음은 성경에서 나타나는 동시 바꿈법의 예들입니다. 전건 명제와 후건 명제 사이에 나타나는 현상을 위 도표를 생각하며 차근 차근 따져보면 논리적인 추리과정을 보다 분명하게 알게 될 것입니다.

1) 요일 3 : 6

    그 안에 거하는 자마다 범죄 하지 아니하나니
    범죄하는 자마다 그를 보지도 못하였고 그를 알지도
    못하였느니라

2) 요 5 : 23

    이는 모든 사람으로 아버지를 공경하는 것같이
        아들을 공경하게 하려 하심이라
    아들을 공경치 아니하는 자는
        그를 보내신 아버지를 공경치 아니하느니라

이 밖에도 보다 복합적인 직접 추리는 많이 있습니다. 그러나 자리 바꿈법과 특성 바꿈법의 원리를 알고 있으면 이해할 수 있는 것들이기에 이 곳에서는 다루지 않겠습니다.

> ■ ■ ■ **논리요해**
>
> 보다 복합적인 직접추리로 다음 두 가지가 있습니다.
>
> 특성, 자리 바꿈법이란 어떤 명제에 먼저 특성을 변화시키고, 그런 후 또 다시 위치를 변화시켜서 새로운 판단을 이끌어 내는 것을 말합니다.
>
> 동시 바꿈법이란 특성 바꿈법과 자리 바꿈법을 동시에 적용하는 추리 과정을 말합니다. 이는 중간 과정을 거치지 않고 동시에 적용된다는 점에서 특성, 자리 바꿈법과 차이가 있습니다.

제5장 논리와 추리1-연역 추리

● 나는 선한 목자라 — 간접추리 삼단논법

예수님은 자신을 자주 목자에 비유하였습니다. 구약 성경에서는 목자의 개념을 하나님에게 자주 비유하고 있습니다. 따라서 이러한 구약적인 개념을 이용하여 예수님께서는 자신을 목자에 자주 비유하였습니다.

"나는 선한 목자라
선한 목자는 양들을
위하여 목숨을
버리거니와
삯군은 목자도 아니요
양도 제 양이 아니라
이리가 오는 것을 보면
양을 버리고 달아나나니
이리가 양을 늑탈하고
또 헤치느니라
달아나는 것은
저가 삯군인 까닭에
양을 돌아보지 아니함이나
나는 선한 목자라 내가 내 양을
알고 양도 나를 아는 것이
아버지께서 나를 아시고
내가 아버지를 아는 것 같으니
나는 양을 위하여 목숨을 버리노라."
(요한복음 10 : 11-15)

예수님이 당시에 하신 이 말씀을 접할 때마다 가슴이 뭉클해짐을 느끼게 됩니다. 연약한 인간들을 위하여 목숨까지도 버리신 주님을 생각할 때마다 우리 기독교인들이 얼마나 큰 복을 받았는지를 깨닫게 되기 때문입니다. 따라서 선한 목자이신 예수님을 주인으로 모신 자가 참된 신앙인이라는 사실을 알 수가 있습니다. 주님의 말씀을 논리적으로 분석하여 봅시다.

(대전제) 나는 선한 목자다.
(소전제) 선한 목자는 양들을 위하여 목숨을 버린다.

(결 론) 따라서 나는 양들을 위하여 목숨을 버린다.

이 말씀에서 양이란 물론 예수님을 믿고 따르는 성도들을 가리킵니다. 이 추리에서 중요한 점은 직접 추리와는 달리 추론의 단계가 하나 더 있는 것을 보게 됩니다. 특히 전제 부분이 둘이 되어 대전제와 소전제가 존재하는 것을 볼 수가 있습니다. 이처럼 두 개의 전제를 기초로 하여 새로운 결론을 도출하는 추리 방법을 우리는 간접 추리라고 합니다. 또한 이러한 간접 추리를 방법 면에서는 삼단논법이라고도 부릅니다. 이러한 삼단논법은 논리에서 자주 사용되는 대표적인 방법이라고 할 수 있습니다.

간접 추리는 직접 추리와는 달리 추론의 단계가 하나 더 있습니다. 따라서 간접 추리의 유형은 매우 다양합니다. 다음에 이 책에서

제5장 논리와 추리1-연역 추리

소개하는 기본적인 간접 추리의 유형을 제시합니다.

- 선언 추리
- 연언 추리
- 조건 추리
- 관계 추리
- 생략 삼단논법

■ ■ ■ 논리요해

간접 추리는 대전제와 소전제의 두 개의 전제를 기초로 하여 새로운 결론을 도출하는 추리방법입니다. 이를 방법면에서는 삼단논법이라고 부릅니다.

논술을 위한 논리

● 할례시냐 무할례시냐 — 선언추리

예수님 당시와 그 이후의 사도 시대 때에 유대인들은 할례가 구원의 조건이라고 생각하였습니다. 그러나 사도 바울은 로마교회의 교인들에게 할례는 단지 의롭다고 인정받은 공동체의 일원임을 나타내는 징표일 뿐이라고 선언하였습니다.

> "그런즉 이 행복이 할례자에게뇨 혹 무할례자에게도뇨
> 대저 우리가 말하기를 아브라함에게는 그 믿음을 의로 여기셨다 하노라
> 그런즉 이를 어떻게 여기셨느뇨 할례시냐 무할례시냐
> 할례시가 아니라 무할례시니라."(롬 4:9-10)

아브라함의 예를 들면서 바울 사도는 할례의 진정한 의미를 일깨워 주고 있습니다. 그가 이 말씀에서 자신의 생각을 정리한 논리 전개 과정을 살펴보십시오.

(대전제) 아브라함에게 그 믿음을 의로 여기셨던 것은 할례시이거나 무할례시이었다.
(소전제) 그것은 할례시가 아니었다.

제5장 논리와 추리-연역 추리

(결　론) 따라서 무할례시였음을 알 수 있다.

여기서는 대전제에 선택을 필요로 하는 두 개의 판단을 결합해 놓고 있는 것을 보게 됩니다. 다시 말하면 대전제에는 선택을 필요로 하는 두 가지 요소가 다 들어 있습니다. 이처럼 대전제에 선택을 필요로 하는 두 판단이 결합되어 있는 추리 과정을 우리는 선언 추리라고 합니다.

그러나 이 선언 추리는 적어도 대전제에서 제시된 요소 중 하나가 반드시 참이어야만 한다는 전제가 지켜져야 합니다. 만일 그렇지 않다면 선언 추리는 아무 의미가 없습니다. 다음의 추리를 봅시다.

철수는 기독교도이거나 불교도이다.
철수는 불교도가 아니다.

따라서 철수는 기독교도이다.

이 추리에서 철수는 신앙을 갖지 않은 사람일 수도 있습니다. 또한 다른 종교의 신자일 수도 있습니다. 그런데 제시된 대전제에서는 이것을 간과해 버리고 있습니다. 그렇기에 결론에서는 당연한 오류가 발생하게 됩니다.

또 한가지 중요한 사항은 선언 추리는 선택의 요소로 제시된 것들이 의미상 배타성을 갖고 있어야만 합니다.

> 영희는 신앙이 좋거나 인품이 좋지 않다.
> 영희는 신앙이 좋지 않다.
> ───────────────
> 따라서 영희는 인품이 좋지 않다.

이 추리에서는 신앙이 좋은 것과 인품이 좋지 않은 것이 배타성을 갖지 않습니다. 그럼에도 불구하고 이를 배타적으로 간주하고 있습니다. 그렇기에 영희가 신앙이 좋지 않은 것이 인품이 좋지 않다는 사실을 확증해 주지 못합니다. 그렇기에 이 추리의 정당성을 확증할 수가 없습니다.

■ ■ ■ 논리요해

대전제에 선택을 필요로 하는 두 판단이 결합되어 있는 추리 과정을 선언 추리라고 합니다. 선언 추리는 적어도 대전제에서 제시된 요소 중 하나가 반드시 참이어야 한다는 전제가 지켜져야만 합니다.

● 믿음의 권고 —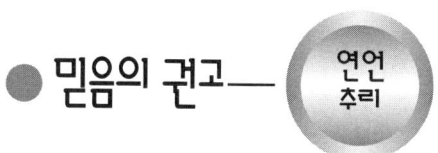

사도 바울은 로마서 14장에서 "믿음이 연약한 자를 너희가 받되 그의 의심하는 바를 비판하지 말라"고 이야기하고 있습니다. 그러면서 그는 성도의 자유에 대하여 이야기합니다. 성도들은 오직 사랑으로써 연약한 자들의 약점을 짊어질 것을 권면하고 있습니다. 다음은 롬 14 : 7, 8의 말씀으로 강한 믿음을 소유한 사람에게 하는 권고의 말씀입니다.

> "우리 중에 누구든지 자기를 위하여 사는 자기 없고
> 자기를 위하여 죽는 자도 없도다
> 우리가 살아도 주를 위하여 살고
> 죽어도 주를 위하여 죽나니
> 그러므로 사나 죽으니 우리가 주의 것이로다."

이 말씀에서의 논리 전개 과정은 조금만 살펴보면 누구나 쉽게 알 수가 있습니다.

(대전제) 우리가 살아도 주를 위하여 살고
(소전제) 우리가 죽어도 주를 위하여 죽나니
─────────────────────────
(결　론) 그러므로 우리가 사나 죽으나 주의 것이로다.

이곳에서의 추리 형식을 도식화하면 다음과 같음을 알 수 있습니다.

P는 Q이다.
P는 R이다.
―――――――――――
따라서 P는 Q이고 R이다.

이와 같이 전제된 명제들을 연결하여 새로운 결론을 도출하는 추론 과정을 우리는 연결 추리 혹은 연언 추리라고 합니다. 그러나 이 연언 추리에서도 한가지 주의할 것이 있습니다. 이 추리 방법은 전제된 명제들이 모두 참일 때에만 결론도 참이 된다는 점에 유의하여야 됩니다. 그러나 연언 추리에서 만일 전제 중 하나가 참임을 확증할 수 없다면 당연히 결론이 참이라는 것을 확증할 수가 없습니다.

> ■■■ **논리요해**
>
> 연언 추리란 전제된 명제들을 연결하여 새로운 결론을 도출하는 추리 과정을 말합니다. 이 추리 방법은 전제된 명제들이 모두 참일 때에만 결론도 참이 된다는 점에 유의하여야 됩니다.

제5장 논리와 추리1-연역 추리

● 행함이 없는 믿음— 조건 추리

야고보는 예루살렘 교회의 목회자이며 예수님의 동생이었습니다. 그가 핍박 속에서 사랑을 잃어버린 성도들에게 그리스도인의 올바른 실천윤리를 제시하려고 한 장의 편지를 썼습니다. 이 편지가 바로 신약 성경에 나오는 야고보서입니다. 그는 이 편지에서 말 뿐인 신앙은 죽은 것이라고 규정하고 있습니다. 따라서 살아 있는 믿음이란 행위를 통하여 실행될 때에만 가능한 것이라고 힘을 주어 말합니다. 특히 야고보서 2장에서는 아브라함의 예를 들어가면서 자신의 주장을 증명하고자 시도하고 있습니다.

> "내 형제들아 만일 사람이 믿음이 있노라 하고 행함이 없으면 무슨 유익이 있으리요 그 믿음이 능히 자기를 구원하겠느냐? 만일 형제나 자매가 헐벗고 일용할 양식이 없는 데 너희 중에 누구든지 그에게 이르되 평안히 가라, 더웁게 하라, 배부르게 하라 하며 그 몸에 쓸 것을 주지 아니하면 무슨 이익이 있으리요. 이와 같이 행함이 없는 믿음은 그 자체가 죽은 것이라
> …… 중략 ……

우리 조상 아브라함이 그 아들 이삭을 제단에 드릴 때에 행함으로 의롭다 하심을 받은 것이 아니냐 네가 보거니와 믿음이 그의 행함과 함께 일하고 행함으로 믿음이 온전케 되었느니라. 이에 경에 이른바 아브라함이 하나님을 믿으니 이것을 의로 여기셨다는 말씀이 응하였고 그는 하나님의 벗이라 칭함을 받았나니"(약 2:14-17, 21-24)

이 내용 중에서 우리는 다음과 같은 논리 전개 방식을 보게 됩니다.

(대전제) 만일 사람이 믿음이 있노라 하고 행함이 없으면 그 믿음이 자기를 구원치 못한다.
(소전제) 아브라함에게는 믿음과 함께 행함이 있었다.

(결 론) 따라서 아브라함은 구원받아 하나님의 벗이라 칭함을 받았다.

제5장 논리와 추리-연역 추리

이 논리의 특징은 무엇입니까? 이 내용에서는 대전제에 "믿음이 있노라 하고 행함이 없으면"이라는 조건을 나타내는 구절이 있습니다. 소전제에는 "아브라함이 믿음과 함께 행함이 있었다"는 것을 이야기 함으로써 대전제의 조건과 관련이 있는 명제가 나옵니다. 바로 여기에서부터 "아브라함이 구원받았다"는 결론을 도출합니다. 이러한 방식의 추리 과정을 우리는 조건 추리라고 합니다. 그렇기에 조건 추리에서는 대전제에 반드시 조건을 나타내는 내용이 포함되어야만 합니다. 그리고 소전제는 대전제의 일부를 긍정하거나 부정하는 내용이 들어감으로써 새로운 결론을 얻게 됩니다.

다음의 말씀에서도 동일한 추리과정을 볼 수 있습니다. 따라서 다음 말씀을 가지고 조건추리를 적용하여 봅시다.

"너희가 세상에 속하였으면 세상이 자기의 것을 사랑할 터이나 너희는 세상에 속한 자가 아니요 도리어 세상에서 나의 택함을 입은 자인 고로 세상이 너희를 미워하느니라."

즉 이 말씀을 가지고 우리는 다음과 같은 조건추리의 논리 과정을 다음과 같이 분석할 수가 있습니다.

(대전제) 너희가 세상에 속하면 세상이 너희를 사랑한다.
(소전제) 너희는 세상에 속한 자가 아니다.

(결 론) 따라서 세상이 너희를 사랑하지 않는다.

이 말씀이 조건 추리에 타당한 이유는 다음과 같습니다. 즉 대전제에 "너희가 세상에 속하면 세상이 너희를 사랑한다"는 조건을 나타내는 구절이 들어있습니다. 소전제에서는 이 대전제를 부정하는 "너희는 세상에 속한 자가 아니라"는 내용이 들어갑니다. 따라서 "세상이 너희를 사랑하지 않고 미워한다"는 말씀을 결론으로 얻고 있습니다. 따라서 이 말씀은 조건 추리의 과정을 완벽하게 지킴으로써 우리들이 납득할 수 있는 설명을 분명하게 보여주고 있습니다.

이처럼 조건 추리에서는 조건을 나타내는 구절이 분명하게 나타나는 것이 아주 중요합니다. 이것이 주요 전제가 되어 조건과 관련 있는 소전제와의 관계 속에서 새로운 결론을 얻을 수 있기 때문입니다. 이러한 추리 방법을 우리는 조건 추리라고 하며, 조건이 논리 전개에 사용되는 방법을 보여주기에 눈여겨 볼만한 추리입니다.

■■■ 논리요해

조건 추리는 대전제에 조건을 나타내는 구절이 있어 여기에서부터 결론을 도출하는 방식을 의미합니다. 조건 추리는 대전제에 반드시 조건을 나타내는 내용이 포함되어야만 합니다. 그리고 소전제는 대전제의 일부를 긍정하거나 부정하는 내용이 들어감으로써 새로운 결론을 얻게 됩니다.

너희는 세상의 빛이라 — 관계 추리

예수님께서 무리를 보시고 산에 올라가 가르치신 말씀을 산상수훈이라고 합니다. 다음은 산상수훈 중에 나오는 구절입니다.

> "너희는 세상의 빛이라 산 위에 있는 동네가 숨기우지 못할 것이요
> 사람이 등불을 켜서 말 아래 두지 아니하고 등경 위에 두나니 집안 모든 사람에게 비취느니라
> 이같이 너희 빛을 사람 앞에 비취게 하여 저희로 너희 착한 행실을 보고 하늘에 계신 너희 아버지께 영광을 돌리게 하라" (마 5:14-16)

이 곳에 나타난 주님의 가르침을 정리해 보면 다음과 같습니다.

(대전제) 너희는 세상의 빛이다.
(소전제) 빛은 모든 사람에게 비췬다.
―――――――――――――――――――
(결　론) 따라서 너희도 너희 빛을 모든 사람 앞에 비취게 하라.

이 곳에서는 관계를 나타내는 표현이 전제로 사용되고 있습니다. 즉 "너희는 세상의 빛이다"는 첫 번째 관계에 이어, 거듭해서 "빛은 모든 사람에게 비췬다"는 관계를 보여줌으로써 결론을 도출하고 있습니다. 이처럼 어떤 관계를 알고 그것에 기초하여 다른 새로운 관계를 알게 되는 추리 방식을 관계 추리라고 일컫습니다. 관계 추리를 효과적으로 사용하기 위해서 예수님은 은유적인 방식을 통하여 이를 많이 사용하였습니다. 뿐만 아니라 사도 바울도 이러한 관계 표현을 서신서를 통하여 이해의 방법으로 사용하였습니다. 다음은 사도 바울이 사용한 관계 표현입니다. 이를 살펴보고 논리적 전개과정을 추리하여 봅시다.

> "그런즉 누구든지 사람을 자랑하지 말라 만물이 다 너희 것임이라
> 바울이나 아볼로나 게바나 세계나 생명이나 사망이나
> 지금 것이나 장래 것이나 다 너희의 것이요
> 너희는 그리스도의 것이요
> 그리스도는 하나님의 것이니라."
> (고전 3:21-23)

이 말씀에서는 세 가지의 관계표현이 나옵니다. 우리는 이를 다음과 같이 정리할 수 있습니다.

(관계 1) 만물이 다 너희 것이다.
(관계 2) 너희는 그리스도의 것이다.
(관계 3) 그리스도는 하나님의 것이다.
───────────────────────────
(결 론) 따라서 만물이 다 하나님의 것이다.(암시)

이처럼 세 종류의 관계적 표현을 서로 연결하여서 사도 바울은 "누구든지 사람을 자랑하지 말라"는 주장에 대한 논리적 정당성을 뒷받침하고 있는 것입니다. 즉 여기에서는 "사람을 포함한 만물이 다 하나님의 것이라"는 새로운 추리를 누구나 쉽게 도출할 수 있기 때문에 하나님 외에는 누구도 자랑할 것이 없다는 논지를 보여주고 있습니다. 이처럼 관계와 관계를 엮어서 사고할 때에 관계 추리는 아주 유용합니다.

> ■ ■ ■ 논리요해
>
> 어떤 관계를 알고 그것에 기초하여 다른 새로운 관계를 알게 되는 추리 방식을 관계 추리라고 합니다.

● 너를 인하여 복을 받으리라 — 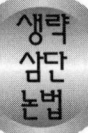생략 삼단 논법

갈라디아서 3장은 율법과 믿음과의 관계를 아브라함의 예를 가지고 설명하고 있습니다. 그렇기에 갈라디아서 3장에서는 "의인이 믿음으로 살리라"는 믿음의 사상이 강조되어 있으며, 이 사상은 후에 루터에 의해 종교개혁의 주요 사상으로 받아들여졌습니다.

"또 하나님이 이방을 믿음으로 말미암아 의로 정하실 것을 성경이 미리 알고 먼저 아브라함에게 복음(福音)을 전하되 모든 이방이 너를 인하여 복을 받으리라 하였으니 그러므로 믿음으로 말미암은 자는 믿음이 있는 아브라함과 함께 복을 받느니라"(갈 3:8, 9)

이 말씀에는 간접 추리의 모든 형식이 갖추어져 있지 않습니다. 즉 자세히 살펴보면 대전제가 생략되어 있음을 알게 됩니다.

제5장 논리와 추리1-연역 추리

(대전제) **아브라함은 그의 믿음 때문에 축복을 받았다.**(암시)
(소전제) 모든 이방이 너(아브라함)를 인하여 복을 얻을 것이니라.

(결   론) 따라서 믿음으로 이방인들은 아브라함과 함께 복을 받는다.

이처럼 추리 과정을 살펴보면, 삼단 논법 중에서 일부가 생략되어 있는 경우가 있음을 알게 됩니다. 위와는 달리 삼단 논법의 추론 과정에서 다른 단계가 생략되는 경우도 있습니다. 다음의 표현을 자세히 살펴보십시오.

"율법은 믿음에서 난 것이 아니라 이를 행하는 자는 그 가운데서 살리라 함과 같으니라"
"그리스도께서 우리를 위하여 저주를 받은 바 되사 율법의 기록된 바 나무에 달린 자마다 저주 아래 있는 자라 하셨으니"(갈 3:12, 13)

이 말씀들은 삼단 논법의 형식 중에서 소전제가 생략되어 있는 것을 알 수가 있습니다.

(대전제) 율법은 믿음에서 난 것이 아니다.
(소전제) **율법은 행위에 속한 것이다.**(암시)

(결 론) 따라서 이를 행하는 자는 그 가운데서 살리라.

(대전제) 나무에 달린 자마다 저주 아래 있는 자다.
(소전제) **그리스도께서는 우리를 위하여 나무에 달리셨다.**
(암시)

(결 론) 따라서 그리스도께서 우리를 위하여 저주를 받은 바 되시었다.

또한 롬 14 : 6의 말씀은 결론 부분이 생략되어 있는 것으로 유명합니다. 즉 많은 사람들이 쉽게 결론을 알 수 있기에 생략 삼단논법의 형식을 취하여 결론을 생략하여 논리를 전개하고 있습니다.

(대전제) 먹는 자도 주를 위하여 먹으니 이는 하나님께 감사함이요.
(소전제) 먹지 않는 자도 주를 위하여 먹지 않으니 이는 하나님께 감사함이요.

(결 론) **먹는 자와 먹지 않는 자 모두 주를 위하여 하는 것이니 다 하나님께 감사할 찌어다.** (암시)

제5장 논리와 추리 - 연역 추리

(대전제) 너희는 세상의 소금이니
(소전제) 그 맛을 잃으면 무엇으로 짜게 하리요, 후에
　　　　는 아무 쓸데없어 다만 밖에 버리워 사람에
　　　　게 밟힐 뿐이니라

(결　론.) **따라서 너희가 그 맛을 잃으면 아무 쓸 데 없이
　　　　되어 버리워진다.** (암시)

　이처럼 우리가 일상적으로 사용하는 표현 중에는 삼단 논법의 형식을 다 갖추지 않고 일부가 생략되어 사용되는 경우가 있습니다. 이러한 표현을 우리는 생략 삼단 논법이라고 합니다. 이러한 생략 삼단논법은 간결하고 운치가 있어 사람들의 대화에 자주 사용됩니다. 그러나 자칫 잘못하면 대화상에서 의미를 오용할 여지가 있기 때문에 전개과정을 쉽게 납득할 수 없다면 사용에 신중을 기하여야만 합니다.

> ■ ■ ■ **논리요해**
>
> 　삼단 논법 중에 일부가 생략되어 있는 추리방법을 생략 삼단 논법이라고 합니다. 생략 삼단 논법은 간결하고 운치가 있어 사람들의 대화에 자주 사용됩니다. 그러나 잘못하면 의미를 오용할 여지가 있기에 사용에 신중을 기하여야 합니다.

제6장 논리와 추리2-귀납 추리

귀납 추리는 개개의 사실에 입각하여 판단하는 추리이기에
실질적 추리라고 합니다.
귀납 추리는 개별적인 관찰을 통해서 결론을 얻기 때문에,
관찰과 판단의 방법에 따라 여러 가지 유형으로 구분됩니다.
그러나 어느 유형이든지 상관없이 귀납 추리는 개개의 사실에 근거하게
되어 그 과정의 정당성을 확신할 수 없다는 단점이 있습니다.
그럼에도 불구하고 귀납 추리는 오늘날 자연과학을 비롯한
많은 학문에서 사용되는 대표적인 방법 중의 하나입니다.
그 이유는 연역 추리에서 전제로 다루는 참이 되는 명제도
사실은 귀납 추리를 통하여 얻어지기 때문입니다.
뿐만 아니라 귀납 추리를 통해서 우리는 새로운 사실에 대한 발견적인 가치를
얻을 수 있기 때문에 귀납 추리는 중요한 사고 법칙이라고 할 수 있습니다.

제6장 논리와 추리2-귀납 추리

● 선한 사마리아인의 비유 — 귀납 추리

어떤 사람이 예루살렘에서 여리고로 내려가다가 강도를 만났습니다. 강도들이 그의 옷을 벗기고 때려 그는 거의 죽게 되었는데 그 강도들은 그를 버리고 갔습니다. 이때에 한 제사장이 그 길로 내려가게 되었습니다. 그러나 그 제사장은 그를 보고 피하여 갔습니다. 또 레위인도 지나가다가 그 곳에 이르러 그를 보고 피하였습니다.

한 사마리아인이 있었습니다. 그가 여행 중에 그 곳에 이르러 이 강도 만난 사람을 보게 되었습니다. 그를 보자 사마리아인은 불쌍한 마음이 들었습니다. 그래서 가까이 다가가서 상처에 기름과 포도주를 붓고 싸매어 주었습니다. 그런 후에 그를 자기 짐승에 태워서 주막으로 데리고 가서 돌보아 주었습니다. 이튿날 그는 떠나기 전에 주막 주인에게 두 데나리온을 주며 말하였습니다.

"이 사람을 돌보아 주십시요. 혹시 부비가 더들면 내가 돌아올 때 갚으리이다."

여러분! 여러분의 생각에는 누가 강도 만난 자의 참된 이웃이라고 생각하십니까?
이러한 예수님의 질문에 이 비유를 듣던 율법사는 "자비를 베푼자니이다"라고 대답하였습니다.

선한 사마리아인의 비유로 알려져 있는 이 비유를 통해서 참 이웃이 누구인가를 자연스럽게 깨닫게 하신 예수님의 말씀이 놀랍기만 합니다. 이 비유에서 사마리아인이 선하다는 판단은 그가 강도 만난 자에게 행한 실제적인 행동 때문입니다. 어느 누구라도 어려운 상황에 처한 강도 만난 자에게 베푼 사마리아인의 자비를 부인하지 못할 것입니다. 예수님께서는 이렇게 한 사마리아인의 비유를 가지고 진정한 이웃은 자비를 베푸는 자임을 일깨워 주셨습니다.

이처럼 개별적인 특수한 사실로부터 일반 진리를 이끌어 내는 방식을 우리는 귀납 추리라고 합니다. 귀납 추리는 앞에서 살펴본 연역 추리와 방법 면에서 대치되는 말입니다. 즉 연역 추리는 그 추리의 과정이 확실하기에 형식 추리라고도 합니다. 그러나 귀납 추리는 개개의 사실에 입각하여 판단하는 추리이기에 실질적 추리라고 합니다.

 귀납 추리는 논리적 전개 과정의 정당성이 입증된 연역적 추리와는 다릅니다. 즉 그 과정의 정당성을 확신할 수가 없는 단점이 있습니다. 그럼에도 불구하고 왜 이러한 귀납 추리가 필요한 것일까요? 그것은 바로 우리가 생각하는 확실한 명제인 연역 추리도 사실은 귀납 추리에 의해 얻어진 것이기 때문입니다.

(대전제) 인간은 동물이다.
(소전제) 동물은 호흡을 한다.
———————————————
(결 론) 따라서 인간도 호흡을 한다.

 이 삼단 논법에서 "인간은 동물이다"는 대전제는 과연 어디에서 얻어졌을까요? 결국 무수한 개별적인 관찰을 통해서 얻어진 결론입니다. 따라서 귀납 추리는 이처럼 확실한 전제를 만들어 내는 중요한 방법이라고 할 수 있습니다. 확실한 결론은 무수한 관찰과 경험을 통해서 얻어지기 때문에 우리는 개별적 사실들을 간과하고 지

논술을 위한 논리

나쳐서는 안됩니다. 세밀한 관찰과 객관적인 판단이야말로 귀납 추리의 중요한 요건입니다. 관찰과 판단의 방법에 따라 귀납 추리는 다양한 유형으로 구분됩니다. 이 곳에서는 우리들이 함께 살펴보려는 귀납 추리의 유형을 다음에 제시합니다.

〈귀납 추리의 유형〉

- 통계적 추리
- 인과적 추리 ─┬─ 일치법
　　　　　　　└─ 차이법
- 유비 추리
- 공변 추리
- 잉여 추리

■■■ 논리요해

　연역 추리는 추리의 과정이 확실하기에 형식 추리라고도 합니다.
　그러나 귀납 추리는 개개의 사실에 입각하여 판단하는 추리이기에 실질적 추리라고 합니다. 따라서 귀납 추리는 개개의 사실에 근거하게 되어 그 과정의 정당성을 확신할 수 없다는 단점이 있습니다.

제6장 논리와 추리2-귀납 추리

● 음식에 관한 정결법— 통계적 추리

　유대 민족의 자부심은 자신들이 하나님께 택함 받은 민족이라는 긍지에서 나옵니다. 이러한 자부심 때문에 그들은 오늘날에도 구약 성경을 최고의 가치 기준으로 여기며 살아갑니다. 따라서 구약 성경이 금하는 것은 오늘날에도 행하지 않으며 오히려 이러한 것들을 부정한 것으로 여기는 경향까지 있습니다. 대표적인 예로 히브리어로 "코셔"라고 불리우는 "음식에 관한 정결법"을 들 수 있습니다. 이는 레위기 11장에 있는 정결 규정을 실천적인 면에서 규례화한 것입니다. 다음은 레위기 11장에 나오는 정결 규정에 해당하는 내용의 일부입니다.

논술을 위한 논리

"물에 있는 모든 것 중 너희의 먹을 만한 것은 이것이니 무릇 강(江)과 바다와 다른 물에 있는 것 중에 지느러미와 비늘 있는 것은 너희가 먹되 무릇 물에서 동(動)하는 것과 무릇 물에서 사는 것 곧 무릇 강과 바다에 있는 것으로서 지느러미와 비늘 없는 것은 너희에게 가증한 것이라. 이들은 너희에게 가증한 것이니 너희는 그 고기를 먹지 말고 그 주검을 가증히여기라"

(레 11 : 9-12)

　이 말씀을 보면서 "왜 레위기에서는 비늘이 없는 생선을 가증한 것으로 여기는 것일까?"라는 의문이 제기됩니다. 이에 대하여 현대의 주석가중에는 비늘이 없는 물고기는 뱀장어처럼 사단의 상징인 뱀과 유사한 것이 많기에 그렇다고도 하며, 또 다른 주석가는 그것이 아열대 지방에서는 위생에 좋지 않기 때문이라고도 합니다. 그 이유가 무엇이든지 간에 유대인들은 오늘날에도 이 정결법을 철두철미하게 지키고 있습니다. 그들의 이러한 행동을 보면서 한편으로는 말씀에 기초하여 생활 속에서 거룩함을 유지하려는 그들의 신앙심에 감동을 받기도 합니다. 그러나 다른 한편으로는 율법에 얽매이지 않으면서 믿음 안에서 자유함을 누릴 수 있도록 해준 예수님의 복음이 얼마나 소중한 것인지를 깨닫게 해 줍니다.

제6장 논리와 추리2-귀납 추리

"너희가 먹든지 마시든지 무엇을 하든지 다 하나님의
영광을 위하여 하라"

고전 10 : 31에 나오는 말씀을 통하여 우리는 이미 자유함을 얻은 백성이 된 것입니다.

이유가 무엇이든지 간에 오늘날에도 유대인들은 여전히 오징어나 뱀장어 같은 류(類)의 생선은 부정한 것으로 간주하여 전혀 입에 대지 않습니다. 이와 관련하여 이스라엘 대학의 기숙사에서 겪은 개인적인 경험담을 소개합니다. 유대인 대학의 기숙사 주방에는 사생들이 공동으로 사용하는 냉장고가 준비되어 있습니다. 그런데 하루는 사생들이 공동으로 이용하는 이 냉장고 안에다 한국에서 준비해 간 마른 오징어와 김을 넣어 둔 적이 있습니다. 그러자 이상한 일이 생겼습니다. 한 유대인 학생이 냉장고를 열어 보고서는 질색하면서 자신의 음식을 꺼내어서 다른 냉장고로 옮겨 놓는 것입니다. 그리고 다른 학생도 와서는 냉장고를 열어보고서는 기겁을 하고 똑같은 행동을 취하였습니다. 이러한 행동은 그 학생들에게서 끝나지 않고 다른 학생들에게서도 계속하여 일어났습니다. 그러나 평소에 눈치가 없기로 유명하였기에 나는 이러한 일을 당하고서도 무심코 넘어갔습니다. 그러나 계속되는 이러한 일 때문에 당황해서 다른 학생에게 그 이유를 물어 보았더니, 그 유대인 학생은 레위기에 나오는 말씀을 가지고 그 이유를 자세하게 설명해 주었습니다.

즉 자신들의 음식법상 오징어를 부정한 음식으로 생각하기 때문에 부정한 음식이 들어있는 냉장고 안에 자신들의 음식을 같이 두지 않는다고 말해주었습니다. 그 설명을 듣고난 후에 그 학생들의 행동을 이해하게 되었고, 따라서 오징어와 김을 꺼내서 다른 장소에 보관하였습니다. 그 이후로는 이러한 일은 더 이상 일어나지 않았습니다.

저의 자그마한 개인적 경험담입니다. 그러나 이 경험담 속에서 우리는 다음과 같은 논리적 추리를 할 수가 있습니다.

(사례 1) 한 유대인이 오징어를 싫어한다.
(사례 2) 다른 유대인도 오징어를 싫어한다.
(사례 3) 또 다른 유대인도 오징어를 싫어한다.

(결 론) 따라서 유대인은 오징어를 싫어한다.

이처럼 개별적 사실들을 모아서 논리적 추리를 하는 것을 통계적 추리라고 합니다. 따라서 통계적 추리는 개별적 사실들을 모아서 이 사실에 대응하는 일반적인 명제를 도출하는데 사용합니다. 그러므로 결론에 해당하는 일반 명제를 보다 분명하게 구성하기 위해서는 가능한 한 많은 수의 개별적 사실들이 모여야만 합니다. 따라서 관찰된 개별적 사례들의 수가 적을수록 일반 명제를 도출하는 것은 더욱 어려워질 것입니다. 왜냐하면 개별적 사례가 적으면 적을수록 우연히 공통된 현상이 나타날 가능성이 커지기 때문입니다.

또한 이렇게 개별적 사실들의 관찰만으로 도출한 일반적인 명제는 확실하게 참이라기 보다는 참일 가능성이 높다는 것을 보여 줍니다. 그렇다 하더라도 한편으로 이러한 무수한 개별적 관찰에 의해 도출된 통계적 귀납 추리가 쉽게 논박될 수 있는 것은 아닙니다. 예를 들어 무수한 개별적 관찰에 의해 "모든 백조는 희다"는 결론이 도출되었습니다. 그러나 오스트레일리아에서 검은 색의 백조가 발견되었을 때에 이미 도출된 결론은 그 가치가 저하되었습니다. 그렇다고 해서 이러한 형태의 귀납적 방법이 무가치한 것이라고 할 수는 없습니다. 그것은 어떤 사실에 대한 발견적인 가치를 가질 뿐만 아니라 깊은 학문적 탐구의 출발점이 되기 때문입니다.

■ ■ ■ 논리요해

통계적 추리는 개별적 사실들을 모아서 이 사실에 대응하는 일반적인 명제를 도출하는 데 사용합니다. 따라서 결론을 보다 분명하게 구성하기 위해서는 가능한 한 많은 수의 개별적 사실들이 모여야만 합니다.

큰 잔치의 비유 — 인과적 추리 : 일치법

어떤 사람이 큰 잔치를 베풀고 많은 사람을 초청하였습니다. 그리하여 잔치할 시간에 그 청하였던 자들에게 종을 보내며 말했습니다.

"오소서! 모든 것이 준비되었나이다"

그러자 한 사람은 사양하며 말했습니다.

"밭을 샀으매 불가불 나가 보아야 하겠으니 청컨대 나를

제6장 논리와 추리2-귀납 추리

　　　용서하도록 하라",

또 한 사람은

　　　"나는 소 다섯 겨리를 샀으매 시험하러 가니 청컨대 나
　　　를 용서하도록 하라"

고 말하였고 또 다른 사람은

　　　"나는 장가들었으니 그러므로 가지 못하겠노라"

하고 말하였습니다.

　이에 종이 돌아와 주인에게 그대로 고하였습니다. 그러자 주인이 노하여 그 종에게 말했습니다.

　　　"빨리 시내의 거리와 골목으로 나가서 가난한 자들과
　　　병신들과 소경들과 저는 자들을 데려 오라"

그러자 종이 말하였습니다.

　　　"명한 대로 하였으나 아직도 자리가 남아 있나이다."

이 말을 듣고 주인이 종에게 말하였습니다.

　　　"길과 산울가로 나가서 사람을 강권하여 데려다가 내 집
　　　을 채우라. 그러나 전에 초청하였던 사람들은 하나도 내
　　　잔치를 맛보지 못하리라"(눅 14 : 15-24)

　큰 잔치의 비유라고 알려져 있는 이 말씀에서는 복음을 거부한 유대인들이 하나님 나라에 참여할 수 없는 이유를 비유적으로 보여주고 있습니다. 이 비유의 내용에서 주인이 분노한 이유는 무엇일까요? 또한 가난한 이들, 이방인들, 불쌍한 이들이 그 잔치에 대신

참석케 된 이유가 무엇일까요? 그 이유는 첫번째 사람이 초청에 거부하였을 뿐만 아니라 두번째, 세번째 사람 역시 이유는 다르지만 모두 초청을 거절하였기 때문입니다. 우리는 여기서 주인이 분노한 이유가 무엇인지를 알 수 있습니다. 그것은 초청 대상자들이 하나같이 초청에 응하지 않고 거부한 것이 그 원인이라고 할 수 있습니다. 이처럼 관찰된 여러 사례 중에서 동일한 것만을 추출하여 이 요소가 결과의 원인이라고 추리하는 방법을 일치법이라고 말합니다. 일치법의 핵심 사항은 여러 사례 중에서 한가지 요소가 공통되고 다른 요소들 간에 차이가 있을 때에 이 공통된 요소가 결과의 한 원인이 된다는 것입니다.

예수님께서는 천국을 여러가지 비유로 말씀하셨습니다. 다음은 예수님께서 전하신 천국 비유와 관련된 말씀들입니다. 이 말씀들을 살펴보면서 공통점을 찾아보도록 합시다.

1) "천국은 마치 밭에 감추인 보화와 같으니 사람이 이를 발견한 후 숨겨 두고 기뻐하여 돌아가서 자기의 소유를 다 팔아 그 밭을 샀느니라"

2) "또 천국은 마치 좋은 진주를 구하는 장사와 같으니 극히 값진 진주 하나를 만나매 가서 자기의 소유를 다 팔아 그 진주를 샀느니라"

3) "또 천국은 마치 바다에 치고 각종 물고기를 모는 그

제6장 논리와 추리2-귀납 추리

물과 같으니 그물에 가득하매 물가로 끌어내고 앉아서
좋은 것은 그릇에 담고 못된 것은 내어버리느니라"
(마 13 : 44-48)

이 천국 비유 중에서 일치점은 무엇일까요? 그것은 천국이 대단히 소중하고 가치있다는 것을 보여주고 있습니다. "밭에 감추인 보화, 값진 좋은 진주와 고기잡는 어부의 그물" 등은 모두 소중하고 값진 것이기 때문입니다. 그렇다면 왜 예수님께서는 천국의 비유를 이렇게 거듭 말씀하셨을까요? 그것은 값진 것을 얻기 위한 사람들의 노력을 보여줌으로써 우리들도 이와 같이 모든 노력을 경주할 때에 천국을 소유할 수 있음을 가르쳐 주기 위함입니다. 우리는 예수님께서 이러한 천국 비유를 통해서 "천국이 고귀히다"는 일치된 것을 보여줌으로써 사람들에게 "이를 얻기 위하여 노력하라"는 자신의 의도를 분명하게 전달하고 있는 것을 보게 됩니다. 이처럼 여러 사례 중에서 공통된 요소를 분명하게 나타내면 논리적으로 자신의 의도를 보다 확실하게 선할 수가 있습니다. 따라서 일치법이야말로 추상적이고 개념적인 것을 보다 확실하게 설명하는 데에 아주 요긴한 것임을 알 수가 있습니다.

> ■■■ 논리요해
>
> 일치법이란 여러 사례 중에서 한가지 요소가 공통되고 나머지 요소들이 다를 때에 공통된 요소가 결과의 한 원인이 된다고 추리하는 방법을 의미합니다.

논술을 위한 논리

● 세리의 기도 ── 인과적 추리 : 차이법

자기를 의롭다고 믿고 다른 사람을 멸시하는 자들에게 예수님께서는 다음과 같이 비유로 말씀하셨습니다.

바리새인과 세리 두 사람이 기도하러 성전에 올라갔습니다. 바리새인은 서서 기도하기를

"하나님이여! 나는 다른 사람들 곧 토색, 불의, 간음을 하는 자들과 같지 아니하고 이 세리와도 같지 아니함을 감사하나이다. 나는 이레에 두 번씩 금식하고 또 소득의 십일조를 드리나이다"

그러나 세리는 멀리 서서 감히 하늘을 우러러보지도 못하고 가슴을 치며 기도하였습니다.

"하나님이여 불쌍히 여기옵소서 나는 죄인이로소이다"

이 비유를 마치신 후 예수님께서

말씀하셨습니다.

> "이 사람이 저보다 의롭다 하심을 받고 집에 내려갔느니라. 무릇 자기를 높이는 자는 낮아지고 자기를 낮추는 자는 높아지리라"(눅 18:9-14)

이 비유는 세리의 기도로 알려져 있습니다. 이 비유가 가르쳐 주는 교훈은 무엇일까요? 그것은 이 비유를 통하여 참된 기도가 무엇인지를 가르쳐 주는 데 있습니다. 이 비유에서는 특별한 두 사람을 등장시키고 있습니다. 즉 바리새인과 세리라는 인물을 등장시켜서 그들이 기도하는 모습을 비교함으로써 두 사람간의 차이점을 보여 줍니다. 즉 이 비유에서는 스스로 의롭다고 하는 바리새인과 자신의 죄를 겸손하게 고백하는 세리의 모습이 대비적으로 묘사되어 있습니다.

이 모습을 통하여서 주님께서는 세리가 바리새인보다 더 의롭다 함을 받았다고 말씀하십니다. 그렇다면 세리의 어떤 모습이 의롭다 함을 받은 원인이었을까요? 그것은 바리새인과는 달리 "자신의 죄를 회개하는 세리의 참된 마음가짐" 때문이라고 생각합니다. 따라서 참된 기도란 하나님 앞에서 자신을 낮추며 자신의 죄를 고백할 수 있는 마음가짐이 있을 때에 가능한 것임을 깨달을 수가 있습니다.

이처럼 일어난 사건의 여러 요소가 공통되고 단지 하나의 요소에 차이가 있을 때 바로 이 요소가 결과의 차이를 가져오는 원인이라고 추리하는 방법을 우리는 차이법이라고 합니다. 따라서 차이법은 발생한 경우와 발생하지 않은 경우를 비교하여 동일 조건 하에서 차이가 나는 조건이 있을 때 이를 서로 다른 결과의 원인으로 추리하는 방법을 말합니다. 이 비유에서는 자신을 의롭다 하는 바리새인과 스스로를 죄인이라고 일컫는 세리, 이 두 사람간의 차이를 보여줌으로써 사람들에게 결론을 이야기하고 있습니다.

> ■ ■ ■ 논리요해
>
> 일어난 사건의 여러 요소가 공통되고 단지 하나의 요소에 차이가 있을 때 바로 이 요소가 결과의 차이를 가져오는 원인이라고 추리하는 방법을 차이법이라고 합니다.

제6장 논리와 추리2-귀납 추리

● 구하는 이마다 받을 것이요 — 유비 추리

우리 주님께서는 이 세상에서 몸소 기도하시면서 그 중요성을 일깨워 주셨습니다. 우리 그리스도인들이 기도하여야만 하는 당위성을 우리는 눅 11 : 10에서 살펴볼 수 있습니다.

"구하는 이마다 받을 것이요, 찾는 이가 찾을 것이요,
두드리는 이에게 열릴 것이니라"

이 말씀과 함께 주님은 하늘 아버지를 땅의 아버지와 비유해서 다음과 같은 설명을 하셨습니다.

"너희 중에 아비 된 자 누가 아들이 생선을 달라 하면 생선 대신에 뱀을 주며 알을 달라 하면 전갈을 주겠느냐? 너희가 악할지라도 좋은 것을 자식에게 줄줄 알거든 하물며 너희 천부께서 구하는 자에게 성령을 주시지 않겠느냐?" (눅 11:11-13)

이미 알고 있는 사항에서 다른 유사한 것을 결론으로 얻는 추리 방법을 유비 추리(類比推理)라고 합니다. 예수님께서는 이처럼 우

리 인간들이 이해하기 어려운 것들을 비유라는 방법을 통하여 심오한 진리를 쉽게 깨우쳐 주셨습니다. 즉 육신의 아버지의 속성을 가지고 하늘 아버지의 자비를 말하는 이와 같은 추리 방법도 유비 추리의 하나입니다. 따라서 추상적이고 즉석에서 확인할 수 없는 사실의 타당성을 일깨워 주는 아주 좋은 방법 중의 하나가 이 유비 추리입니다.

유비 추리에서는 그러나 주의할 점이 있습니다. 이 추리 방법은 두 현상의 어떤 속성이 동일하다는 사실에 근거하여 두 현상의 다른 속성도 동일하다는 결론을 끌어내는 것입니다. 그러나 이러한 결론은 개연적이라는 한계가 있습니다. 그렇기에 유비 추리의 필연성을 높이기 위해서는 다음과 같은 원칙에 유념하여야 합니다.

1. 유사점이 많을수록 좋습니다.
2. 유사점은 비교되는 사항의 본질에 해당하여야만 합니다. 예를 들어 "인간의 아버지는 남자이니까 하늘 아버지 즉 천부께서도 남자이다"라고는 말할 수 없습니다. 왜냐하면 여기서는 성(性)의 문제는 비교의 본질에 해당되지 않기 때문입니다.
3. 추정될 결론을 파괴할 정도의 상이점이 있다면 추리 자체는 불가능합니다.

제6장 논리와 추리2-귀납 추리

■ ■ ■ 논리요해

　유비 추리란 이미 알고 있는 사항에서 다른 유사한 것을 결론으로 얻는 추리 방법을 말합니다. 유비 추리(類比推理)는 추상적이고 즉석에서 확인할 수 없는 사실의 타당성을 일깨워 주는 데에 적합합니다.

논술을 위한 논리

● 씨 뿌리는 비유 — 공변 추리

마태복음 13장에는 씨 뿌리는 비유로 알려져 있는 유명한 천국 비유가 나옵니다. 이 비유는 특별히 이스라엘의 농사법과 연관되어 있기 때문에 당시의 많은 사람들의 마음에 감동을 주기에 충분했던 것으로 생각됩니다. 이 비유의 내용은 천국 말씀을 접하는 자의 마음 상태에 따라 그 결과는 엄청난 차이가 있다는 사실을 일깨워 주고 있습니다.

"씨를 뿌리는 자가 뿌리러 나가서 뿌릴새 더러는 길가에 떨어지매 새들이 와서 먹어 버렸고

제6장 논리와 추리2-귀납 추리

더러는 흙이 얇은 돌밭에 떨어지매 흙이 깊지 아니하므로 곧 싹이 나오나
해가 돋은 후에 타져서 뿌리가 없으므로 말랐고 더러는 가시 떨기 위에 떨어지매 가시가 자라서 기운을 막았고 더러는 좋은 땅에 떨어지매 혹 백 배, 혹 육십 배, 혹 삼십 배의 결실을 하였느니라"(마 13 : 3-8)

예수님께서는 씨 뿌리는 비유를 말씀하신 이유에 대하여 다음과 같이 설명하셨습니다.

"무릇 있는 자는 받아 넉넉하게 되되 무릇 없는 자는 그 있는 것도 빼앗기리라"

그런 후에 씨 뿌리는 비유의 의미를 다음과 같이 설명하셨습니다.

"천국 말씀을 듣고 깨닫지 못한 때에는 악한 자가 와서 그 마음에 뿌리운 것을 빼앗나니 이는 곧 길가에 뿌리운 자요
돌밭에 뿌리웠다는 것은 말씀을 듣고 즉시 기쁨으로 받되 그 속에 뿌리가 없어 잠시 견디다가 말씀을 인하여 환난이나 핍박이 일어나는 때에는 곧 넘어지는 자요
가시 떨기에 뿌리웠다는 것은 말씀을 들으나 세상의 염려와 재리의 유혹에 말씀이 막혀 결실치 못하는 자요

좋은 땅에 뿌리웠다는 것은 말씀을 듣고 깨닫는 자니 결실하여 혹 백배, 혹 육십 배, 혹 삼십 배가 되느니라"
(마 13:19-23)

이 비유의 말씀에서 우리가 논리적으로 눈여겨 볼 것이 있습니다. 즉 말씀의 성장과 결실을 얻기 위하여 말씀을 듣는 자의 마음가짐이나 마음의 상태가 얼마나 중요한가를 깨우쳐주고 있습니다. 그러나 이 비유에서는 다른 상황은 변화하지 않았는 데 단지 한 가지의 현상이나 또는 조건의 변화에 따라 그 결과에 큰 차이가 생겨나는 것을 보여주고 있습니다. 즉 말씀을 받는 사람의 마음 상태에 따라 결과는 엄청난 차이를 보이고 있습니다. 이와 같이 변화되는 조건을 우리가 연구하는 여러 현상의 원인으로 인정하는 추론 과정을 우리는 공변추리라고 합니다.

공변 추리를 다음과 같이 도식화합니다.

사례	요 소	결 과
1	a, b, c, d1	w, x, y, z1
2	a, b, c, d2	w, x, y, z2
3	a, b, c, d3	w, x, y, z3

(결 론) 따라서   d가   z의 원인이 된다.

제6장 논리와 추리2-귀납 추리

　이러한 공변법은 특히 사회 과학이나 자연 과학 등에서 널리 사용되는 기본 법칙이라고 할 수 있습니다. 특히 실험 실습 등에서 사용하는 함수 관계는 공변 추리의 특수한 형식이라고도 할 수 있습니다.
　그러나 공변은 우연에 의해서도 일어날 수 있기 때문에 경솔하게 인과관계로 단정해서는 안됩니다. 또 한정된 범위 내에서만 찾아보게 되는 공변적 함수 관계를 섣불리 전체 범위까지 확장시켜서도 안됩니다. 예를 들면 농작물에 비료를 주면 처음에는 그 주는 양의 증가에 따라 농작물의 성장에 비례적으로 영향을 끼치나 일정 정도가 지나면 식물 성장에 더 이상 영향을 끼치지 못합니다. 따라서 공변의 조건이나 범위를 분명하게 관찰하는 것은 공변 추리에서 대단히 중요한 판단의 기준이 됩니다.

> ■ ■ ■ 논리요해
> 　다른 상황은 변화하지 않았는 데 단지 한 가지의 현상이나 또는 조건의 변화에 따라 그 결과에 큰 차이가 생겨날 때에 변화되는 조건을 여러 현상의 원인으로 인정하는 추리 과정을 공변 추리라고 합니다.

● 삼손과 나실인— 잉여 추리 (剩餘推理)

　　삼손은 그의 부친(父親) 마노아의 기도로 하나님의 은혜 가운데 출생한 나실인입니다. 나실인이란 특별한 서원을 하고 자기 몸을 구별하여 여호와 하나님께 드려진 사람을 말합니다. 구약 성경에는 나실인이 지켜야 할 금기사항 세 가지를 다음과 같이 제시하고 있습니다.

　　1. 포도주와 독주를 멀리하고,
　　2. 그 서원을 하고 구별하는 모든 날 동안은 삭도를 머리
　　　에 대지 말고,
　　3. 여호와께 드리는 모든 날 동안은 시체를 가까이 하지
　　　않는 것입니다.(민 6 ; 3, 5, 6)

　　나실인으로 서원한 삼손이 자라날 때에 여호와께서는 그에게 복을 내려 주셨습니다. 많은 복을 받았음에도 불구하고 삼손의 생애를 들여다보면 나실인의 금기 사항을 어기는 과정으로 구성되어 있는 것을 알 수 있습니다.
　　삼손이 부모의 반대를 무릅쓰고 블레셋 여자를 아내로 맞으려고 딤나로 내려가던 중 자기가 두 손으로 입을 찢어 죽인 사자의 시체

제6장 논리와 추리2-귀납 추리

에서 그는 꿀을 취합니다. 그러나 이러한 삼손의 행동은 시체를 멀리하라는 나실인의 금기 사항 중에서 한가지 것을 범하는 결과를 초래합니다.

또한 그는 딤나에서 결혼 피로연을 베풀었습니다. 즉 이 피로연으로 말미암아 삼손은 포도주와 독주를 멀리하라는 금기사항을 범하게 됨으로써 나실인으로 서원한 사람이 지켜야할 금기사항 중에서 두 가지 것을 이미 범하고 말았습니다.

그러나 세 번째로 그는 들릴라라는 블레셋 여인과 사랑에 빠져듭니다. 이렇게 됨으로써 삼손은 그 여인을 만족시켜 주려고 나실인의 서약을 깨고 자신의 힘의 비밀이 무엇인지를 알려 주는 우(憂)를 범하게 됩니다. 따라서 그가 마지막 서원마저 지키지 못하였을 때에 여호와의 신이 그에게서 떠남으로써 삼손은 블레셋 사람들에게 사로잡혀 비참한 최후를 맞습니다.

이러한 삼손의 일대기에서 우리들이 논리와 관련하여 생각해 볼 것이 있습니다. 삼손이 들릴라라는 여인과 만남으로써 마지막 남은 나실인의 서약을 범하게 되었는 데 나실인의 서약 중 그 마지막 남은 금기사항은 무엇일까요? 그것은 삭도를 머리에 대지 말라는 금기 사항입니다. 그가 마지막 남은 이 금기사항마저도 범하였다는 것을 쉽게 알 수가 있습니다. 왜냐하면 삼손이 들릴라라는 여인을 사랑하기 전에 이미 두 가지 금기 사항을 어겼기 때문에 남은 금기 사항이 머리에 삭도를 대지 말라는 것임을 쉽게 추리할 수가 있습니다. 이처럼 어떤 복합적인 현상에서 이미 귀납법에 의하여 어떤 전건(前件)의 결과로 알려진 부분을 제거하고 그 현상의 남은 부분을 가지고 결과의 원인을 추리하는 방법을 잉여 추리(剩餘推理) 혹은 잔여법(殘餘法)이라고 부릅니다.

이것을 도식으로 나타내면 다음과 같습니다.

    a, b, c, d 는   w, x, y, z이라는 현상의 원인이다.
    a, b, c   는   w, x, y   의 원인이다.
    ―――――――――――――――――――――
    (결 론) 따라서 d는   z의 원인이다.

잉여 추리와 관련된 유명한 역사적인 적용 예가 있습니다. 해왕성과 명왕성의 발견이 그 대표적인 예에 속합니다. 에덤스와 르베리에르라는 학자는 각각 천왕성이 궤도에서 어긋나는 현상에 대하여 연구를 하였습니다. 그 둘은 각각 태양과 기타 알고 있는 혹성들의 인력에 의한 이론적 궤도를 산출하여 비교한 결과 천왕성 바깥에 또 다른 혹성이 있을 것으로 예측하였습니다. 그리하여 후에 해왕성이 발견되는 데 큰 도움을 주었던 것입니다. 또한 명왕성의 발견도 동일한 적용 예에 해당합니다. 로웰이라는 천문가는 이미 발견된 해왕성의 예보 위치가 햇수를 거듭할수록 관측치와 판이하게 다르자 해왕성 궤도에 영향을 미치는 하나의 행성이 틀림없이 우주 어디엔가 존재할 것이란 확신을 가지고 이 미지의 행성을 찾는 연구를 꾸준히 진행해 나갔습니다. 그리하여 그의 사후에 로웰 천문대는 비교 연구를 통해 별들을 추적하여 미지의 행성인 명왕성을 발견하였던 것입니다. 이처럼 어떤 복합적인 현상에서 귀납법에 의하여 어떤 전건(前件)의 결과로 알려진 부분을 제거하고 그 현상의 남은 부분을 가지고 결과의 원인을 추리하는 방법을 잉여 추리(剩餘推理)라고 합니다.

> **■ ■ ■ 논리요해**
> 어떤 복합적인 현상에서 이미 귀납법에 의하여 어떤 전건(前件)의 결과로 알려진 부분을 제거하고 그 현상의 남은 부분을 가지고 결과의 원인을 추리하는 방법을 잉여 추리라고 합니다.

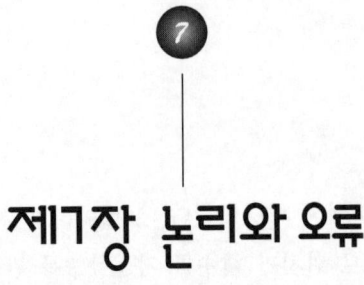

제7장 논리와 오류

훌륭한 논증이 아니지만 어떤 이유 때문에 그럴듯하게 보이는 언어적 현상을
오류라고 합니다. 인간의 언어사용에서는 그럴듯하게 보이지만
타당하지 않은 경우가 있습니다. 이러한 오류 현상은 상대방의 논지나 사상을
공박하기보다는 논지와 직접적인 관련이 없는 다른 정황 등을 문제 삼아 논쟁을
만들거나, 그 사상을 별거 아닌 것으로 만들기 때문에 문제가 됩니다.
따라서 오류 현상에서 벗어나기 위해서는 그것이 논지와 어떤 관련이 있는지
혹은 어느 정도 관련성이 있는 지를 꼼꼼히 살펴보아야만 합니다.
그렇지 않으면 논점과 상관없는 내용으로
서로 시간을 허비하게 되기 때문입니다.

● 주 너의 하나님을 시험치 말라 — 오류에 관하여

마귀가 예수님을 거룩한 성으로 데려다가 성전 꼭대기에 세우고 말하였습니다.

"네가 만일 하나님의 아들이어든 뛰어내리라

기록하였으되 저가 너를 위하여 그 사자들을 명하시리니

저희가 손으로 너를 받들어 발이 돌에 부딪히지 않게 하리로다 하였느니라".

그래서 예수님은 마귀에게 말하였습니다.

> "또 기록되었으되 주 너의 하나님을 시험치 말라 하였느니라"(마 4:5-7)

실제로는 훌륭한 논증이 아니면서도 어떤 이유 때문에 그럴듯하게 보이는 언어적 현상을 우리는 오류(誤謬)라고 부릅니다. 일반적으로 그럴듯하다는 말은 설득력이 있다는 의미로도 받아 들여집니다. 이런 점에서 오류 현상도 하나의 논증으로 보아야 되지 않겠느냐는 견해에 많은 사람들이 동의하고 있습니다. 그렇기에 논리적인 개념과 관련시켜서 다루는 것이 일반적입니다. 이 곳에서는 일상적인 논증과 관련된 오류들만을 대상으로 취급하였습니다. 언어의 애매성(曖昧性)이나 중의성(重義性)에 의해서 생기는 오류는 이미 앞에서 그 개념을 살펴보았기에 이곳에서는 다루지 않겠습니다. 주로 전통적으로 제시되어 온 오류들을 목록화하여 아래에 제시하였습니다. 이러한 오류 목록들을 살펴보면서 각각의 오류 현상이 사람들을 현혹시키는 이유에 대해서도 생각하려고 합니다. 오류 현상을 반드시 살펴보아야 하는 이유는 이러한 현상들이 일상적인 언어 생활 속에서 자주 나타나기 때문에 그 장단점을 정확히 알아야 할 필요성이 있습니다.

마 4 : 5-7 말씀에서는 성경 말씀을 가지고 예수님을 시험하는 마귀의 간교함 속에서 우리는 대화 속에 나타나는 오류 현상을 접하게 됩니다. 하나님의 말씀을 인용하면서 "뛰어 내리라"는 마귀의 명령에 순응하게 되면 예수님은 결국 사단의 말에 굴복하는 자가 되고 맙니다. 즉 마귀는 하나님의 말씀을 인용하지만 결국은 자신의 명령으로 바꾸어 버렸습니다. 이런 마귀의 간교함 속에서 우리는 대화 속에서 나타나는 오류현상을 보게 됩니다. 마귀는 자신의 명령을 마치 하나님의 말씀처럼 변절시켰지만, 그러나 하나님의 말씀을 인용하는 형태를 취하였기 때문에 마치 설득력이 있는 것처럼 보입니다. 그러나 예수님은 이러한 마귀의 시험에 넘어가지 않으셨습니다. 오히려 예수님은 마귀가 인용한 말씀보다 더 상위 개념의 하나님의 말씀을 인용하여 마귀의 시험에 대응하였습니다. 즉 마귀에게 그가 하나님의 말씀을 시험하고 있다는 사실을 지적하여줌으로써 마귀가 한 말의 오류가 무엇인지를 확실하게 보여주셨습니다. 따라서 우리는 인간 언어에 나타나는 논리적 오류 현상을 바르게 인식할 필요가 있습니다. 왜냐하면 오류 현상의 장단점을 확실하게 인식할 수 있다면, 우리들이 생활 속에서 접하는 잘못된 사고에 지혜롭게 대응할 수가 있기 때문입니다. 그렇지 않으면 예수님의 시험에서 보듯이 우리 자신도 모르게 잘못된 언어의 오류에 끌려들어가게 되기 때문입니다. 그럴듯하게 보이는 언어적 현상을 생각하고서 그것이 우리가 말하려는 논지와 어떤 관련이 있는지를 살펴보도록 하겠습니다.

> ■ ■ ■ 논리요해
>
> 실제로는 훌륭한 논증이 아니면서도 어떤 이유 때문에 그럴듯하게 보이는 언어적 현상을 우리는 오류(誤謬)라고 부릅니다.

나사렛에서의 예수님 — 논점 무관의 오류 : 인신공격의 오류

예수님께서 갈릴리를 떠나 제자들과 함께 고향으로 가시었습니다. 마침 안식일이 되어 회당에서 가르치시니 그 가르침에 많은 사람들이 듣고 놀라워했습니다. 다음은 예수님의 가르침에 대하여 사람들이 놀라워하는 말입니다.

> "이 사람이 어디서 이런 것을 얻었느뇨.
> 이 사람의 받은 지혜와 그 손으로 이루어지는
> 이런 권능이 어찌됨이뇨.
> 이 사람이 마리아의 아들 목수가 아니냐?
> 야곱과 요셉과 유다와 시몬의 형제가 아니냐?
> 그 누이들이 우리와 함께 여기 있지 아니하냐?"

그리고서 그들은 예수님을 배척하였습니다.(막 6:1-3)

예수님의 고향 사람들은 예수님의 가르침을 듣고서 그 내용에 놀라워했습니다. 그러나 그들은 가르침의 내용을 갖고 예수님을 판단하기보다는 예수님의 과거의 정황에 대한 여러 가지 편견을 갖고서 예수님을 대하였던 것을 볼 수 있습니다. 이러한 형태로 진행되는

제7장 논리와 오류

잘못된 편견들을 우리는 "인신공격의 오류"라고 부릅니다. 편견(偏見)에는 어떤 논리적인 근거가 있을 수 있습니다. 그러나 그 편견이 판단하고자 하는 논지와 관련이 없다면 그 편견 때문에 어떤 사상이나 가르침을 받아들이지 않는 것은 어리석은 짓에 불과합니다. 우리 사람들은 이런 류의 편견에 입각한 오류를 범하는 경우가 많습니다. 대표적인 역사적 실례로 나치 정권이 아인슈타인이 유대인이라는 이유로 물리학 분야에서 아인슈타인이 이룩한 업적을 인정하지 않고 폐기한 경우를 들 수 있습니다.

인신공격의 오류란 이처럼 상대방의 논지나 사상을 공박하기보다는 그 논지와 직접적인 관련이 없는 그 사람의 인품, 직업, 혹은 과거의 정황 등을 문제삼아 논쟁을 만드는 오류를 말합니다. 우리들이 이러한 논리적 오류에서 벗어나기 위해서는 상대방에 대한 이해를 넓히고 그 사람의 논지를 하나하나 살펴보고서 논리에서 벗어난 점이 없는지를 차분하게 생각하여야 합니다.

> ■ ■ ■ **논리요해**
>
> 인신공격의 오류란 상대방의 논지나 사상을 공박하기보다는 그 논지와 직접 관련이 없는 그 사람의 인품, 직업, 혹은 과거의 정황 등을 문제삼아 논쟁을 만드는 오류를 말합니다.

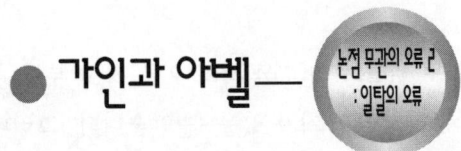

가인과 아벨 — 논점 무관의 오류 2 : 일탈의 오류

창세기에는 가인과 아벨이라는 형제가 나옵니다. 형 가인은 농사하는 자였고, 그의 아우 아벨은 양치는 자였습니다. 세월이 지난 후에 가인은 땅의 소산으로 제물을 삼아 여호와께 드렸고 아벨은 자기도 양의 첫 새끼와 기름으로 드렸더니 여호와 하나님께서 아벨과 그 제물은 열납하셨으나 가인과 그 제물은 열납하지 아니하신지라 가인이 심히 분하여 안색이 변하였습니다. 그 후 가인은 아우 아벨을 들로 가자고 꾀어 그 둘이 들에 있을 때에 가인이 그 아우 아벨을 쳐죽였습니다. 여호와께서 가인에게 물으셨습니다.

제1장 논리와 오류

"네 아우 아벨이 어디 있느냐?"

그러자 가인은

"제가 아우를 지키는 사람입니까?"

라고 잡아떼며 모른다고 대답하였습니다.

그러나 모든 것을 다 알고 계시는 하나님께서는

"네가 무엇을 하였느냐?"

하시면서 꾸짖으셨습니다. 또한

"네 아우의 피가 땅에서 호소하느니라"

고 말씀하시면서 하나님은 가인에게

"네가 땅에서 저주를 받으리라"

는 선고를 내리셨습니다.(창 4 : 2-12)

우리는 여기서 여호와 하나님과 가인과의 대화를 살펴보고자 합니다. 하나님께서 가인에게

"네 아우 아벨이 어디 있느냐?"

라고 물어 보았을 때에 가인은

"내가 알지 못하나이다. 내가 내 아우를 지키는 자니이까?"

라고 응대하였습니다. 가인의 이 대답에는 두 가지의 의미를 담고 있습니다.

하나는 "내가 알지 못하나이다"란 말은 사실과는 다른 거짓말입니다.

그리고 또 하나의 다른 대답인 "내가 내 아우를 지키는 자니이

까?'란 말은 논점을 빗겨 가고 있습니다. 즉 하나님이 물어 온 질문과 관련이 없을 뿐만 아니라 "그가 아우를 지키는 자"가 아니라는 사실이 그의 동생 아벨이 어디 있는 지 알지 못하는 타당한 사유를 증명해 주지 못합니다. 사람들 중에는 이처럼 논리적으로 궁지(窮地)에 몰렸을 때에 논점과는 상관없는 말을 장황하게 늘어놓음으로써 상대방의 판단을 흐리게 하여 어려움에서 벗어나려고 시도하는 사람들이 있습니다. 이러한 경우에 우리는 가인과 하나님과의 대화에서 보듯이 논지가 무엇인가를 확실하게 주지시켜 주면서 대화를 논점으로 돌이켜야만 합니다. 그렇지 않으면 논점과 상관없는 내용으로 서로 시간을 허비하게 되기 때문입니다.

> ■■■ **논리요해**
>
> 　　논리적으로 궁지(窮地)에 몰렸을 때에 논점과는 상관없는 말을 장황하게 늘어놓음으로써 상대방의 판단을 흐리게 하는 것을 논점 무관의 오류라고 합니다.

제7장 논리와 오류

하나님께서 정하신 세상 — 선후를 인과로 혼동하는 오류

"산 염소가 새끼치는 때를 네가 아느냐?
암 사슴의 새끼 낳을 기한을 네가 알 수 있느냐?
그것이 몇 달만에 만삭되는 지 아느냐?
그것들은 몸을 구푸리고 새끼를 낳아
그 괴로움을 지내어 버리며
그 새끼는 강하여져서 빈들에서 길리우다가 나가고는
다시 돌아오지 아니하느니라."(욥 39:1-4)

욥기는 동방의 의인으로 불리우는 욥이 체험하게 되는 삶의 고난과 그에 대한 욥의 항변을 내용으로 담고 있습니다. 처참한 고난을 겪은 욥이라는 인물을 통해 심오한 진리를 드러내고 있는 것이 욥기의 구성입니다. 하나님에 대한 믿음을 간직하고 있으면서도 고난에 항거하는 욥에 대하여 하나님께서는 대화를 통해 하나님 자신이 찬양 받으시기에 부족함이 없는 분이라는 사실을 보여주고 있습니다. 이 말씀은 하나님께서 폭풍 가운데서 현현(顯現)하시어서 온 세상을 하나님 자신이 정하셨음을 일깨워 주는 말씀의 일부분입니다.
 이 곳에서 우리 사람들이 잘못 생각할 수 있는 부분이 있습니다. 욥기 39:3 말씀에는 암사슴은 몸을 구푸리고 새끼를 낳는다고 이야기하고 있습니다. 여기서 암사슴이 몸을 구푸리는 것은 새끼를 낳는 것보다 시간적으로 먼저 발생합니다. 그렇다고 해서 암사슴이 몸을 구푸리는 것이 새끼를 낳는 원인이 되는 것은 아닙니다. 사람들은 흔히 어떤 일이 먼저 발생하였다고 해서 그것을 원인과 결과(因果)의 관계로 혼동하는 경향이 있습니다. 어떤 결과에 대한 원인이 아닌 것을 단순히 먼저 일어났다고 해서 원인으로 간주하는 것은 대단한 오류입니다. 또 다른 실례를 들면 아기는 거의 걷는 걸 배우기 전에 이가 나지만, 이가 나는 현상이 걷는 행위의 원인이 될 수는 없습니다. 즉 우연히 서로 전후에 나타난다고 해서 그들 간의 관계를 인과관계(因果關係)로 규정하는 것은 대단한 오류에 해당합니다. 기껏해야 앞의 사건이 뒤에 오는 사건의 원인이 될 가능성이 있다는 정도의 증거 밖에는 입증해 주지 못합니다. 이 정도의 가능성을 가지고 거의 확실한 것으로 단정하는 데서 오는 오류를 선후를 인과로 혼동하는 오류라고 할 수 있습니다.

> ■ ■ ■ ■ 논리요해
>
> 어떤 현상에서 우연히 앞에 나타난다고 해서 그들 간의 관계를 인과관계(因果關係)로 규정하는 것을 보게 됩니다. 이러한 오류를 선후를 인과로 혼동하는 오류라고 할 수 있습니다.

제7장 논리와 오류

● 스스로 분쟁하는 나라 — 전제 가정의 오류

"그 때에 귀신들려 눈 멀고 벙어리 된 자를 데리고 왔거늘 예수께서 고쳐 주시매 그 벙어리가 말하며 보게 되지라
  무리가 다 놀라 가로되
    이는 다윗의 자손이 아니냐 하니
  바리새인들은 듣고 가로되
    이가 귀신의 왕 바알세불을 힘입지 않고는
      귀신을 쫓아내지 못하느니라 하거늘
예수께서 저희 생각을 아시고 가라사대
    스스로 분쟁하는 나라마다 황폐하여 질 것이요
    스스로 분쟁하는 동네나 집마다 서지 못하리라
    사단이 만일 사단을 쫓아내면 스스로 분쟁하는
    것이니 그리하고야 저의 나라가 어떻게 서겠느냐?"
  (마 12 : 22-26)

위 대화에서는 바리새인들이 증명되지 않은 이야기를 하였다가 오히려 예수님에게 역공을 당하는 것을 볼 수 있습니다. 예수님께서 귀신들린 벙어리 된 자를 고쳐 주었을 때에, 그들은 "이가 귀신

의 왕 바알세불을 힘입지 않고는 귀신을 쫓아내지 못하느니라"고 비난하였습니다. 그러면 바리새인들이 비난하는 말에 담겨있는 논리적 허점(虛點)은 무엇입니까? 그것은 이들의 비난 속에는 증명되지 않은 사실을 마치 증명된 것처럼 단정하고 있다는 것입니다. 이러한 오류를 우리는 "전제 가정의 오류"라고 합니다. 일반적으로 사람들은 증명되지 않은 사실을 논리적 전제로 단정하고서 대화를 전개하면 마치 자신의 생각 속에 그 논점이 이미 증명된 것처럼 받아들이려는 경향이 있습니다. 예수님께서는 바리새인들의 이러한 의도를 아시고 그들의 논리적 전개 과정을 반박하셨던 것입니다. 즉 바리새인들이 단정한 전제가 터무니없는 것임을 다른 비유를 들어 논박하셨습니다.

  이 내용을 통하여 깨달아 알 것이 있습니다. 즉 사람들은 자신도 모르게 이처럼 증명되지 않은 사실을 전제로 단정하고서 대화를 전개하는 경우가 종종 있습니다. 또한 이러한 심리를 이용하여 사람을 교묘하게 설득시키거나 혼란을 주면서 오도하려는 경우가 있습니다. 이러한 때에는 예수님처럼 전제가 과연 논리적으로 타당한지를 먼저 살펴야만 합니다. 만일 전제 가정에 세밀한 주의를 기울이지 않으면 터무니없는 결론으로 이끌리게 되기 때문입니다.

> ■■■ 논리요해
> 자신도 모르게 증명되지 않은 사실을 전제로 단정하고서 대화를 전개하는 경우를 전제가정의 오류라고 합니다.

제7장 논리와 오류

마귀의 시험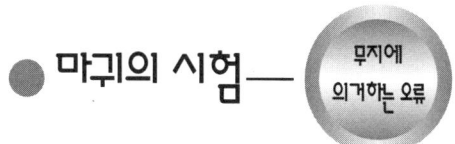

무지에 의거하는 오류

훌륭한 논증이 아니면서도 설득력 있게 보이는 오류 중의 하나가 무지에 의거하는 오류입니다. 이는 기껏해야 결론이 반증되지 않는 정도를 가지고 그 결론이 옳다고 주장하는데 사용하는 오류라고 할 수 있습니다. 예컨대 예수님께서 사십일을 밤낮으로 금식하신 후, 주리셨을 때의 마귀의 시험을 들 수가 있습니다.

그 때에 시험하는 자가 와서 가로되 "네가 만일 하나님의 아들이어든 명하여 이 돌들이 떡덩이가 되게 하라"고 말하였습니다. 마귀의 이 말 속에는 돌들을 가지고 떡덩이를 만들지 못하면 하나님의 아들이 아니라는 식의 단정이 담겨 있습니다. 시험하는 자인 마귀의 논증(論證)의 허점은 무엇일까요? 논리적인 면으로만 살펴보면 마귀가 제시한 추가적인 전제를 행한다고 해도 하나님의 아들이라는 사실을 증명해 주지 못합니다. 또한 반대로 마귀의 전제를 행치 아니 하였다고 해서 예수님이 하나님의 아들이 아니라는 사실 또한 입증해 주지 못합니다. 그렇기에 예수님께서는 마귀가 제시한 추가 전제를 무시하고, 오히려 하나님의 아들로써 하나님의 말씀을 가지고 당당하게 논박하셨던 것입니다.

논술을 위한 논리

"사람이 떡으로만 살 것이 아니요, 하나님의 입으로 나오는 모든 말씀으로 살것이라"(마 4:4)

위에서 살펴보았듯이 어떤 사실을 반증하려는 모든 노력이 성공하지 못했다 하더라도 우리가 내려야 할 결론은 의심의 여지가 있다는 정도이지 그 반대의 논증이 증명되었다는 것은 아닙니다. 이러한 오류를 무지에 의거하는 오류라고 합니다. 이러한 무지에 의거하는 오류는 우리도 모르는 사이에 무의식적으로 다른 어떤 전제를 추가하기에 설득력이 있는 것처럼 보입니다. 예를 들어 어떤 무신론자가 하나님이 존재한다는 사실을 증명한 사람이 없기에 하나님은 존재하지 않는다는 논리를 전개한다면 이 또한 무지에 의거하는 오류를 범하게 되는 것이라고 할 수 있습니다.

> ■■■ 논리요해
>
> 어떤 사실을 반증하려는 모든 노력이 성공하지 못했다 하더라도 우리가 내려야 할 결론은 의심의 여지가 있다는 정도이지 그 반대의 논증이 증명되었다는 것은 아닙니다. 이러한 오류를 무지에 의거하는 오류라고 합니다.

제7장 논리와 오류

● 날 때부터 소경된 사람 — 연상의 오류

예수께서 길 가실 때에 날 때부터 소경된 사람을 보신지라 제자들이 예수께 물어 보았습니다.

"랍비여! 이 사람이 소경으로 난 것이 뉘 죄로 인함이
오니이까? 자기오니이까? 그 부모오니이까?"

그러자 예수님께서 대답하셨습니다.

"이 사람이나 부모가 죄를 범한 것이 아니라 그에게서
하나님의 하시는 일을 나타내고자 하심이니라."
…… 중 략 ……

이 말씀을 하시고 땅에 침을 뱉아 진흙을 이겨 그의 눈에 바르시고 이르시되

"실로암 못에 가서 씻으라" 하시니
이에 가서 씻고 그가 밝은 눈으로 왔더라.(요 9:1-7)

논점을 비껴 가는 대표적인 오류로 연상의 오류를 들 수가 있습니다. 이 연상의 오류는 논증의 전제와 결론 사이에 아무런 연관 관계가 없음에도 불구하고 우리의 생활 습관상 확립된 연상 때문에 마치 논증이 설득력 있는 것처럼 보이는 경향이 있습니다.

　위 말씀에서도 예수님의 제자들은 나면서 부터 소경된 사람과 죄악 사이에는 엄밀한 연관 관계가 없음에도 불구하고 그것이 마치 죄악으로 인한 것으로 연상하고 있는 것을 보게 됩니다. 이러한 오류를 우리는 "연상의 오류"라고 합니다.

　욥기에 나오는 욥의 친구들의 오류에서도 마찬가지 현상을 볼 수 있습니다. 욥의 고난과 죄악 사이에는 엄밀한 상관 관계가 없습니다. 그럼에도 불구하고 욥의 친구들은 욥기서에서 그 관계를 계속적으로 연상하면서 논쟁을 하는 것을 볼 수가 있습니다. 욥의 고난은 하나님께서 허락함으로써 발생한 것임에도 불구하고 그 친구들은 자신들의 생활에서 얻어진 경험에 근거하여 잘못된 연상을 계속하는 오류를 범한 것입니다.

　오늘날 우리의 생활 주위에서도 이러한 연상의 오류를 이용하는 사례들을 쉽게 접할 수가 있습니다. 대표적인 사례로 우리가 날마다 접하는 매스콤의 광고물을 들 수가 있습니다. 예를 들면 자동차 광고에 예쁜 여자 모델이나 멋진 남성을 등장시키는 경우를 들 수 있습니다. 이렇게 함으로써 우리에게 무의식적인 어떤 연상을 불러 일으키려는 시도를 엿보게 됩니다. 마치 자동차와 외모 사이에 엄밀한 관계가 있다는 의식을 무의식적으로 불러 일으키고자 하는 시도로 볼 수가 있습니다. 그러나 실제로는 이러한 광고와는 달리 자동차와 사람의 멋진 외모 사이에는 전혀 관계가 없다는 사실을 우리는 잘 알고 있습니다. 그럼에도 불구하고 연상의 오류는 특히 우리의 생활 깊숙한 곳에 파고들어 있기에 자신도 모르는 사이에 무의식적으로 검증됨이 없이 어떤 사실을 정당한 것으로 간주하려는 경향이 있습니다. 따라서 올바른 논리 표현을 위해서는 지금 내가 하고 있는 생각이 잘못된 연상에 의한 것인지를 검증할 필요성이 있습니다.

> ■ ■ ■ **논리 요해**
>
> 연상의 오류란 논증의 전제와 결론 사이에 아무런 연관 관계가 없음에도 불구하고 우리의 생활 습관상 확립된 연상 때문에 마치 논증이 설득력 있는 것처럼 보이는 경우를 말합니다.

욥과 친구들의 변론 — 순환 논증의 오류

"그가 나를 죽이시리니 내가 소망이 없노라.
그러나 그의 앞에서 내 행위를 변백하리라"(욥 13:15)

욥기에 나오는 이 구절은 욥이 일관되게 다루는 주제입니다. 욥기는 성경의 책 중에서 가장 오래된 책으로 여겨지고 있습니다. 그리고 욥기는 지혜 문학의 대표적인 책으로도 꼽히고 있습니다. 욥기에는 세상에서 가장 유복하고 부유한 사람 가운데 한 사람인 욥을 주인공으로 등장시킵니다. 이 책은 욥이 그의 믿음을 하나님께 시험받는 내용으로 구성되어 있습니다. 특히 욥의 세 친구들과 주인공인 욥과의 대화를 통하여 하나님의 고귀한 목적이 무엇인가를 우리 인생들에게 일깨워 주고 있습니다.

이 책에서 우리는 욥의 친구들이 욥에게 하는 거듭되는 변론을 접하게 됩니다. 그러나 친구들의 변론 속에서 한가지 논리적인 오류를 발견할 수가 있습니다. 욥의 세 친구 중에서 가장 연장자이며 매우 풍부한 학식의 소유자인 엘리바스의 변론을 살펴봅시다.

욥의 고난이 무엇 때문에 발생하였는가? 이러한 의문에 대하여 엘리바스는 욥 자신의 죄로 말미암았다는 주장을 펼치고 있습니다.

제7장 논리와 오류

"생각하여 보라,
죄없이 망한 자가
누구인가?
정직한 자의
끊어짐이
어디 있는가?"
(욥 4 : 7)

엘리바스는 이처럼 반어법(反語法)을 통하여 자신의 생각을 확실하게 드러내고 있습니다. 즉 욥의 고난이 그의 죄 때문이라는 사실을 확신하고 있습니다.

또한 "욥이 죄 때문에 고난을 받는다는 사실을 어떻게 알 수 있는가?"라는 물음에 대하여 엘리바스는 욥의 고난 자체가 그 사실을 보여준다고 설명합니다.

> "네게 가르쳐 줄 것이 있으니 들어 보아라
> ······ 중략 ······
> 악한 일만 저지른 자들은 평생동안 분노 속에서 고통을
> 받으며, 잔인하게 살아온 자들도 죽는 날까지 같은 형벌
> 을 받는다." (욥 15 : 20, 21)

욥의 친구 엘리바스의 이러한 확신은 계속되는 구절에서 그 강도를 더하여 갑니다.

"재난과 고통이, 공격할 준비가 다 된 왕처럼,
그를 공포 속에 몰아넣고 칠 것이다.
이것은 모두 그가, 하나님께 대항하여 주먹을 휘두르고,
전능하신 분을 우습게 여긴 탓이 아니겠느냐?
전능하신 분께 거만하게 달려들고,
방패를 앞세우고 그분께 덤빈 탓이다."(욥 15:24-26)

즉 욥이 하나님을 대적한 죄 때문에 그가 고난을 받게 되었다고 말합니다. 따라서 엘리바스의 변론에서는 고난과 죄악의 관계가 순환하고 있는 것을 볼 수 있습니다. 이를 도표로 나타내면 다음과 같습니다.

제7장 논리와 오류

즉 엘리바스의 논증은 어디서 출발하든 빙글빙글 돌게 되는 것을 알 수 있습니다. 이처럼 빙글빙글 돌게 되는 어법을 우리는 순환 논증이라고 부릅니다. 욥의 친구들의 변론이 길어지는 이유는 바로 이러한 순환 논증에 기인하고 있습니다. 친구들의 이러한 논증에 대하여 욥은 자신의 답답한 심정을 다음과 같이 토로하고 있습니다.

> "이런 말은 내가 많이 들었나니 너희는 다 번뇌케 하는 원인자로구나 허망한 말이 어찌 끝이 있으랴 네가 무엇에 격동되어 이같이 대답하는고 나도 너희처럼 말할 수 있나니……"(욥 16:2-4)

실제로 이러한 순환 논증은 우리가 의식하지 못하는 사이에 나타나는 경우가 많습니다. 순환 논증이 보여주는 가장 큰 오류는 어디서 출발하든 빙글빙글 돌게 되어, 논쟁을 벌이는 양쪽이 모두 혼란을 일으키거나 오도될 수가 있다는 것입니다. 그러나 이 유형의 논증을 제시하는 사람 중에는 실제로 결론이 증명되지 않는다는 사실을 잘 알면서도, 다른 사람을 혼란시키거나 오도하려는 목적으로 의도적으로 사용하는 경우가 있기에 조심하여야 합니다.

■ ■ ■ **논리요해**

순환 논증의 오류는 어디서 출발하든 빙글빙글 돌게 되어, 논쟁을 벌이는 양쪽이 모두 혼란을 일으키거나 오도될 수가 있는 논증을 의미합니다.

논술을 위한 논리

● 무슨 선한 것이 날 수 있느냐? — 조소의 오류

예수께서 갈릴리로 나가려 하시다가 빌립을 만나 이르시되 나를 쫓으라 하시니 빌립은 안드레와 베드로와 한 동네 벳새다 사람이라.

빌립이 나다나엘을 찾아 이르되

"모세가 율법에 기록하였고 여러 선지자가 기록한 그 이를 우리가 만났으니 요셉의 아들 나사렛 예수니라"

나다나엘이 가로되

"나사렛에서 무슨 선한 것이 날 수 있느냐?"

빌립이 가로되

"와보라" 하니라 (요 1 : 43-46)

사람들이 흔히 범하는 교묘한 형태의 오류로는 어떤 사상을 우스운 것으로 만들거나 혹은 여러 가지 이유로 그 위상을 떨어뜨리는 경우입니다. "그것 별거 아니야" 혹은 "그것은 우스운 것이야 그것은 낡은 사상에 불과해" 등과 같이 감정에 호소해서 일축해 버리는 경우를 들 수 있습니다. 빌립이 나다나엘을 찾아가 예수님의 소식

제7장 논리와 오류

을 알렸을 때에 나다나엘이 취한 태도가 바로 이와 같은 경우에 해당합니다. 나다나엘은 "나사렛에서 무슨 선한 것이 날 수 있느냐?"라고 말함으로써 빌립의 견해를 일축하려 했던 것을 보게 됩니다. 이러한 경우를 우리는 조소의 오류라고 부릅니다.

조소의 오류에 해당하는 다른 예를 느 4 : 1-3에서도 볼 수 있습니다. 아닥사스다 왕 때에 예루살렘 성의 훼파 소식을 전해들은 느헤미야는 하나님의 긍휼을 간구하며 기도하였습니다. 그리고 그는 아닥사스다 왕에게 청원하여 예루살렘으로 귀환하여 예루살렘 거민(居民)들에게 성벽 재건을 독려하게 됩니다. 허물어진 성벽을 돌아보고서 느헤미야는 곧 성벽 재건에 착수하였으나, 곧 대적들의 방해를 받습니다. 특히 호론 사람 산발랏과 암몬 사람 도비야가 사마리아인들과 더불어 느헤미야를 조롱하며 군사적인 위협을 가해옵니다. 다음은 대적들이 느헤미야가 재건한 성벽을 조롱하는 말입니다.

산발랏이 자기 형제들과 사마리아 군대 앞에서 말하여 가로되
  "이 미약한 유다 사람들의 하는 일이 무엇인가
  스스로 견고케 하려는가
  제사를 드리려는가
  하루에 필역하려는가
  소화된 돌을 흙 무더기에서 다시 일으키려는가" 하고

암몬 사람 도비야는 곁에 섰다가 가로되
 "저들의 건축하는 성벽은 여우가 올라가도 곧 무너지리라" 하더라.

이들 예에서 보듯이 조소의 오류는 전제로부터 결론이 전혀 도출되지 않는다는 것을 쉽게 알 수가 있습니다. 그러나 이들의 말이 명확하게 논증으로 제시된 게 아니더라도 확고한 단정을 지어 버리기 때문에 사람들의 마음을 쉽게 현혹시킬 수가 있습니다. 따라서 이러한 오류에서 벗어나기 위해서는 상대가 전제로 제시한 말이 논리적 추론 과정에 해당하는 지를 꼼꼼히 따져보아야만 합니다.

> ■■■ 논리요해
>
> 어떤 사상을 우스운 것으로 만들거나 혹은 여러 가지 이유로 그 위상을 떨어뜨리는 경우를 조소의 오류라고 합니다. 그러나 조소의 오류는 명확하게 논증으로 제시된 게 아니더라도 확고한 단정을 지어 버리기에 사람들의 마음을 쉽게 현혹시키게 됩니다.

제7장 논리와 오류

● 삼겹줄은 쉽게 끊어지지 아니하느니라 — 분리와 결합의 오류

"두 사람이 한 사람보다 나음은 저희가 수고함으로 좋은 상을 얻을 것임이라

혹시 저희가 넘어지면 하나가 그 동무를 붙들어 일으키려니와

홀로 있어 넘어지고 붙들어 일으킬 자가 없는 자에게는 화가 있으리라

두 사람이 함께 누우면 따뜻하거니와

한 사람이면 어찌 따뜻하랴

한 사람이면 패(敗)하겠거니와

두 사람이면 능히 당하나니

삼겹줄은 쉽게 끊어지지 아니하느니라." (전 4:9-12)

전도서에 나오는 이 말씀은 개개인의 능력과는 상관없이 사람이 함께 협력할 때에는 대단한 능력을 갖을 수 있다는 사실을 일깨워 주고 있습니다. "한 사람이면 패하겠거니와 두 사람이면 능히 당하

나니 삼겹줄은 쉽게 끊어지지 아니하느니라"는 12절의 말씀은 아무리 약한 사람들이라도 뭉쳐서 힘을 발휘할 때에 큰 능력을 발휘할 수가 있다는 사실을 보여줍니다. 이 말씀을 통해서 우리는 부분과 전체의 속성은 다를 수 있음을 발견하게 됩니다. 즉 비록 개개인은 약하더라도 이들이 모여서 하나가 되면 강력한 단체를 만들 수 있음을 우리는 생활 속에서 많이 보아왔습니다. 이 성경말씀에서도 줄 하나 하나는 쉽게 끊어질 수 있지만, 이것들이 결합된 삼겹줄은 쉽게 끊어지지 않는다는 말로 결론을 내리고 있습니다.

우리가 접하는 사건이나 사물 중에는 분리하거나 결합을 하면 전혀 다른 성질을 지니는 것들이 있습니다. 일례로 물은 수소와 산소의 결합으로 이루어졌다는 사실을 다 잘 알고 있습니다. 그렇다고 해서 구성소(構成素)인 수소와 산소가 물과 같은 성분을 지닌 것은 아닙니다. 물의 원소인 수소와 산소는 물과는 전혀 다른 물질에 해당합니다. 따라서 부분과 전체의 속성은 다를 수 있기 때문에 이 둘의 속성을 분리하여 생각할 필요가 있습니다. 그렇지 않고 어떤 것을 분리하거나 결합을 하여도 똑같은 성질을 지닐 것이라고 생각하는 것은 대단한 오류에 해당합니다.

또한 각종 물질은 농도의 차이에 따라 다른 성질을 나타내거나 완전히 상반되는 경우를 볼 수가 있습니다. 즉 사카린 한 알을 한 대접의 물에 용해시키면 물 맛이 매우 달아집니다. 왜냐하면 1근의 사카린은 5백근의 설탕만큼이나 당도가 높기 때문입니다. 그러나

제7장 논리와 오류

사카린을 설탕을 먹듯이 입에 직접 넣으면 오히려 쓴 맛이 나게 됩니다. 같은 사카린이지만 맛보는 방법의 차이에 따라 달기도 하고 쓰기도 한 것입니다.

철편을 묽은 황산 속에 넣으면 기포가 끊임없이 발생하는 데 이 반응으로 철은 부식되고 맙니다. 그러나 진한 황산은 철을 만나면 철의 표면에 긴밀하고 튼튼한 보호막을 형성하여 철이 부식되지 않도록 도와줍니다.

이처럼 전체와 부분 혹은 물질의 농도가 다를 때의 차이 등을 무시하고 하나의 결과만을 고집하는 것을 우리는 "분리" 혹은 "결합"의 오류라고 부릅니다. 따라서 "분리"와 "결합"의 오류를 각각 다음과 같이 정의할 수가 있습니다.

> 분리의 오류란 전체의 속성을 부분도 똑같이 가진다고 생각하는 오류입니다. 마찬가지로 결합의 오류란 부분의 속성을 전체도 역시 똑같이 가진다고 생각하는 오류라고 할 수 있습니다.

흔히 사람들은 무의식적으로 부분이나 구성원의 일부 만을 보고서 전체를 평가하려는 경향이 있습니다. 그러나 이러한 사고는 잘못된 결론에 도달할 수도 있다는 사실을 깨달아야 합니다. 따라서 어떤 사건이나 사물을 평가할 때에는 총체적인 면에서 평가하려는 습관을 갖추어야 하겠습니다. 이러한 습관이 분리와 결합의 오류에서 벗어나는 지름길입니다.

> ■■■ 논리요해
>
> 부분과 전체의 속성은 다를 수 있기 때문에 이 둘의 속성을 분리하여 생각할 필요가 있습니다. 그렇지 않고 어떤 것을 분리하거나 결합하여도 똑같은 성질을 지닐 것이라고 생각하는 것은 오류에 해당합니다.

제7장 논리와 오류

● 우리가 아브라함의 자손이라 — 권위(權威)에 근거한 오류

그러므로 예수님께서 자기를 믿은 유대인들에게 말씀하셨습니다.

"내 말에 거하면 참 내 제자가 되고
진리를 알지니 진리가 너희를 자유케 하리라"

그러나 유대인들은 다음과 같이 대답하였습니다.

"우리가 아브라함의 자손이라 남의 종이 된 적이 없거늘
어찌하여 우리가 자유케 되리라 하느냐?"

이러한 대답을 하는 유대인 무리들을 일깨워 주기 위하여 예수님께서는 다시 말씀하셨습니다.

"진실로 진실로 너희에게 이르노니
죄를 범하는 자마다 죄의 종이라
종은 영원히 집에 거하지 못하되
아들은 영원히 거하나니
그러므로 아들이 너희를 자유케 하면
너희가 참으로 자유하리라
나도 너희가 아브라함의 자손인줄 아노라
그러나 내 말이 너희 속에 있을 곳이 없으므로

논술을 위한 논리

나를 죽이려 하는도다
나는 내 아버지에게서 본 것을 말하고
너희는 너희 아비에게서 들은 것을 행하느니라"

그러나 유대인들은 이 말을 듣고서도 예수님의 말씀을 이해하지 못하고,
"우리 아버지는 아브라함이라"
는 대답을 계속하였습니다.

이 때에 예수님께서 말씀하십니다.
"너희가 아브라함의 자손이면 아브라함의 행사(行事)를
할 것이어늘 지금 하나님께 들은 진리를 너희에게 말한
사람인 나를 죽이려 하는도다
아브라함은 이렇게 하지 아니하였느니라"(요 8 : 31-40)

이 말씀에서 예수님은 유대인들에게 참 자유가 무엇인지를 가르쳐 주셨습니다. 그러나 예수님의 가르침에 대하여 유대인들은 어떤 반응을 보였습니까? 그들은 자신들이 "아브라함의 자손"이라는 사실을 내세우면서 예수님의 가르침을 반박하려 하였습니다. 예수님께서는 "참 자유"란 곧 예수님을 구주로 영접하는 자에게 주어지는, 죄와 죽음과 율법의 멍에로부터 얻어지는 자유를 말씀하였으나, 유대인들은 자신들이 아브라함의 후예라는 권위만을 내세워 그

제1장 논리와 오류

말씀을 배척하고 있는 것을 보게 됩니다. 이처럼 논지와 상관없는 권위를 내세워 상대방의 논지를 거부하거나 자신의 주장을 정당화하는 데에 사용하는 경우를 "권위에 근거한 오류"라고 합니다.

아무리 명성이 있는 사람일지라도 논의하는 문제에 대해서만은 그 명성이 적용되지 않을 수가 있습니다. 논쟁 중에 자신들이 아브라함의 후예임을 내세워 권위에 승복하도록 요구한 유대인들이 범한 오류도 바로 이러한 오류에 해당합니다.

따라서 권위에 근거한 오류는 믿을만한 약간의 이유는 제시할 수 있지만 제시된 이유가 충분한 증거가 되지 않는 경우가 많습니다. 그렇기에 자칫 우리의 판단을 그르칠 우려가 있기에 권위나 명성에 의지하여 이야기하는 버릇에서 벗어날 필요가 있습니다. 권위보다는 내용을 사려 깊게 따져가며 이야기하는 것이 더욱 좋은 논리적인 대화를 만들게 됩니다.

> ■ ■ ■ 논리요해
>
> 논지와 상관없는 권위를 내세워 상대방의 논지를 거부거나 자신의 주장을 정당화하는 데에 사용하는 경우를 "권위에 근거한 오류"라고 합니다.

제8장 논리와 문장

표현되지 않은 논리는 더 이상 유용한 것이 아닙니다.
"말 한마디로 천냥 빚을 갚는다" 는 속담이 있습니다.
이 속담처럼 논리도 문장으로 표현 될 때 더욱 가치가 있고 의미가 있습니다.
논리를 표현하는 최소의 단위는 문장입니다.
따라서 문장에 대한 이해는 논리 표현에 대단히 중요합니다.
논리란 한마디로 생각의 흐름입니다.
그렇기 때문에 짧은 문장들을 연결하여 생각의 흐름을
자연스럽게 따라가게 하는 것이 글쓰기와 논술의 목적입니다.
그러나 문장은 어떤 용도에 맞게 빚어서 만드느냐에 따라 다양화될 수가 있습니다.
이 단원에서는 논리 표현과 관련된 한국어 문장론을 간략하게 살펴보려고 합니다.
특별히 문장을 용도에 따라서 구분하여 살펴보려고 합니다.
설명문, 묘사문, 서사문, 논술문등으로 구분하여 각각의 특성들을 살펴보려고 합니다.
각 문장들의 특성과 논리표현과의 관계를 살펴봄으로써
글쓰기 및 논술에의 적용 가능성을 생각하려고 시도해 보았습니다.

제8장 논리와 문장

주의 백성에게 복을 내리소서 — 한국어 기본문형

"여호와여, 나의 원수가 어찌 이렇게도 많습니까? 나를 대적하는 자가 너무나 많습니다.
그래서 많은 사람들이 하나님은 나를 돕지 않을 것이라고 말합니다.
그러나 여호와여, 주는 나의 방패시요 나의 영광이시며 나의 머리를 드시는 분이십니다.
내가 여호와께 부르짖으니 그가 거룩한 산에서 응답하시는구나.
내가 잘 자고 다시 깨었으니 밤새도록 여호와께서 지켜 주셨음이라.
수천만의 대적이 나를 포위할지라도 내가 두려워하지 않으리라.
여호와여, 일어나소서! 나의 하나님이시여, 나를 구하소서! 주께서는 내 원수들의 뺨을 치시며 그들의 이빨을 꺾어 놓지 않으셨습니까?
구원은 여호와께서 주시는 것입니다.
주의 백성에게 주의 복을 내리소서." (시3)

시편 3편에는 "다윗이 그의 아들 압살롬을 피할 때 지은 시"라는 표제어가 붙어 있습니다. 이 시를 통하여 우리는 성도들이 겪게 되는 갑작스런 변화와 어려움 속에서도 낙담하지 말아야 한다는 평범한 신앙적인 진리를 발견할 수가 있습니다. 3절의 말씀에서 다윗은 "여호와여, 주는 나의 방패시요, 나의 머리를 드시는 자니이다"라고 고백하고 있습니다. 이처럼 직접 입술로 고백하는 신앙이 필요하다는 점을 이 시는 또한 잘 일깨워 주고 있습니다. 모름지기 성도란 여호와 하나님께서 우리를 지켜주시며, 우리를 둘러 모든 면에서 보호하는 "방패"가 되심을 믿어야 할 것입니다.

제8장 논리와 문장

그러나 이렇게 아름다운 시(詩)도 문장을 구성하는 작은 언어요소들의 결합에 의해서 형성된 것임을 알 수가 있습니다.

한국어에서 문장은 구성요소들 간의 결합으로 이루어집니다. 문장의 구성요소 중에는 문장 성립을 위하여 반드시 있어야 만하는 필수적인 성분이 있습니다. 한국어의 필수 성분으로는 주어와 목적어, 보어 및 서술어 등이 있습니다. 그리고 필수성분은 아니지만 의미를 풍부하게 해주는 수의적인 성분도 있습니다. 관형어와 부사 및 독립어 등이 수의적인 성분에 해당합니다.

필수 성분과 수의적인 성분의 결합으로 이루어진 문장 구조를 문형이라고 부릅니다. 한국어에서는 주어와 술어가 연결되어 문장을 구성합니다. 그러나 문장 중에는 이외에도 보어 또는 목적어를 필요로 하는 문장이 있습니다.

한국어의 기본문형을 결정하는 중요한 요소는 서술어입니다. 그렇기 때문에 한국어 문장을 바르게 사용하기 위해서는 서술어가 갖고 있는 특성을 인식하는 것이 중요합니다. 일반적으로 한국어는 자동사 구문과 타동사 구문 두 가지로 분류할 수가 있습니다.

자동사구문이란 서술어가 아무것도 반드시 필요로 하지 않는 문장이라고 정의합니다. 그러나 실제로는 한국어에서 자동사 구문은 내용상 -로, -와, -에게 같은 부사격 조사를 동반한 논항을 필요로 하는 경우가 많습니다.

(1) 자동사 〈기본 문형〉
   ① 주어 +서술어 → 나는 잔다/ 꽃이 핀다
   ② 주어 + -에/에게 +서술어 →
      나는 학교에 간다(유정물이 올 때 에게, 무정물이 올 때에는 에)
      철수는 영희에게 완전히 속았다/ 이 행동은 사기죄에 해당한다
   ③ 주어 + -로/으로 +서술어 → 나는 집으로 간다/물이 포도주로 변하다
   ④ 주어 + -와/과 +서술어 → 철수는 영희와 결혼 한다/이혼 한다/동거 한다

타동사 구문이란 서술어가 명사+을/를' 구성을 지닌 목적어 논항을 반드시 필요로 하는 문장이라고 정의합니다.

(2) 타동사 〈기본 문형〉
   ① 주어 + -을/를 + 서술어 →
      철수는 영희를 사랑하다./싫어하다
   ② 주어 + -에게 + -을/를 + 서술어 →
      철수가 영희에게 돈을 주다/철수가 영희에게 자리를 양보하다
   ③ 주어 + -에서/에게서 + 목적어 + 서술어 →
      철수는 영희에게서 돈을 받다/ 빼았다/ 꺼내다

④ 주어 + -와 + -를 + 서술어 →

철수는 영희와 자리를 바꾸었다./철수는 영희와 물건 값을 흥정하다

⑤ 주어 + -을 + -로 + 서술어 → 철수는 영희를 바보로 본다/ 간주한다/

한국어 문장은 크게 홑문장과 겹문장으로 나닙니다.

'홑문장' 이란 위에서 살펴본바와 같이 주어와 서술어가 각각 하나씩으로 이루어진 문장을 말합니다.

반면에 '겹문장' 은 홑문장이 복문(複文)처럼 한 성분으로 안기어 들어가 있거나 중문(重文)처럼 절로 이어지거나 하여 문장에 서술어가 둘 이상 나타나서 주어-서술어 관계가 두 번 이상 맺어지는 문장을 말합니다.

(3) 한국어 겹문장 기본문형

① 주어 + (주어 + 서술어) + 서술어 → 그는 내가 웃는 것을 보았다.

------ 절을 안은 겹문장 (복문)

② 주어 + 서술어, 주어 + 서술어 → 예술은 길고 인생은 짧다.

------ 이어진 문장 (중문)

한국어에서 좋은 문장이 되려면 다음 사항을 반드시 유의하여야 합니다.

1) 문장 구성성분 간의 호응이 좋아야 합니다.
　① 주어와 서술어를 호응시켜야 합니다.
　② 목적어와 서술어를 호응시켜야 합니다.
　　　나는 영화가 보고 싶다. → 영화를 보고 싶다
　　　여기에서 이/ 가는 주격이나 보격에만 쓰는 조사이다.
　　　따라서 좋은 호응이 되도록 문장을 바꾸어야 합니다.
　③ 부사어와 서술어를 호응시켜야 합니다..

2) 관형격 조사 "의"를 자주 사용하는 것은 금해야 합니다.
　관형격 조사 "의"는 문장을 압축하여 경제적으로 쓰는 경우에 사용합니다. 그러나 압축이 심하면 전달하고 싶은 내용을 제대로 전달하지 못하는 경우가 생겨납니다. 특히 관형격 조사 "의"를 매개로하여 여러 명사를 연결시키면 우리말의 서술성이 사라져서 의미가 제대로 전달되지 않는 경우가 많습니다.

3) 복수 접미사를 남용하지 말아야 합니다.
　　　우리들은 사람들을 좋아합니다. → 우리는 사람을 좋아합니다.

4) 외국어식 표현을 삼가야 합니다.
　　　시제 표현에 유의합시다
　　　물주구문은 쓰지 말아야 합니다.
　　　우리말 피동문과 영어의 수동태 문장은 다릅니다.

제8장 논리와 문장

■■■ 논리요해

문장은 구성요소들의 결합으로 이루어집니다. 한국어의 필수 성분으로는 주어와 목적어, 보어 및 서술어 등과 같은 요소들이 있습니다. 그리고 의미를 풍부하게 해주는 수의적인 성분으로 관형어와 부사 및 독립어 등이 있습니다.

한국어에서 좋은 문장이 되려면 다음에 유의하여야 합니다.

1) 문장 구성성분 간의 호응이 좋아야 합니다.
2) 관형격 조사 "의"를 자주 사용하는 것은 금하여야 한다.
3) 복수 접미사를 남용하지 말아야 합니다.
4) 외국어식 표현을 삼가야 합니다.

논술을 위한 논리

나는 재를 양식같이 먹으며 —

논술문과
문예문의
언어적 차이

(곤고한 자가 마음이 상하여 그 근심을 여호와 앞에 토하는 기도)

"여호와여 내 기도를 들으시고 나의 부르짖음을 주께 상달케 하소서

나의 괴로운 날에 주의 얼굴을 내게 숨기지 마소서 주의 귀를 기울이사

내가 부르짖는 날에 속히 내게 응답하소서

대저 내 날이 연기 같이 소멸하며 내 뼈가 냉과리같이 탔나이다

내가 음식 먹기도 잊었음으로 내 마음이 풀 같이 쇠잔하였사오며

나의 탄식 소리를 인하여 나의 살이 뼈에 붙었나이다

나는 광야의 당아새 같고 황폐한 곳의 부엉이 같이 되었사오며

내가 밤을 새우니 지붕 위에 외로운 참새 같으니이다

내 원수들이 종일 나를 훼방하며 나를 대하여 미칠 듯이 날치는 자들이

나를 가리켜 맹세하나이다

나는 재를 양식 같이 먹으며 나의 마음에는 눈물을 섞

214

제8장 논리와 문장

었사오니
이는 주의 분과 노를 인함이라 주께서 나를 드셨다가 던지셨나이다
내 날이 기울어지는 그림자 같고 내가 풀의 쇠잔함 같으니이다"

이 시는 시편 102편의 일부입니다. 이 시의 내용은 조국의 환난을 슬퍼하는 한 애국자의 애가로 구성되어 있습니다. 시인은 자기 조국의 현실에 슬퍼하는 마음을 표현하고 있습니다. 베옷을 두르고, 먼지와 재를 자기 머리에 씌운다는 표현으로써 자신의 슬픔을 나타내고 있습니다. 시인은 개인적인 재난을 겪을 뿐만 아니라 개인적으로 대적들의 공격을 받고 있어서 더욱 힘든 생활 가운데 있다는 것을 암시하고 있습니다. 그러나 그의 백성들에게 닥친 재난은 훨씬 더 쓰디쓴 고뇌를 안겨주었고, 시인은 이 고뇌를 진지하고도 감동적인 애가로써 표출하고 있습니다. 그러나 이 시가 더욱 의미가 있는 것은 시인의 비탄 뿐만 아니라 그 속에 담긴 소망의 내용을 발견할 수 있기 때문입니다. 본문에 나오는 시인의 영혼을 괴롭힌 때가 이스라엘 역사 중 정확히 어느 시점인지를 말하기는 쉽지 않습니다. 왜냐하면 이스라엘은 여러 차례에 걸쳐서 억압을 받았으며, 이 노래와 기도는 그 서글픈 시기 중 어느 때에라도 자연스럽게 적용될 수가 있기 때문입니다.

결론적으로 이 시를 통해서 우리는 시인의 마음을 느낄 수가 있

습니다. 그 이유는 사용된 언어가 문학적 언어로서 일상 언어가 아닌 상징성을 지니고 있기 때문입니다. 이 곳에서 사용된 다음과 같은 낱말들은 고난과 관련된 상징성을 지니고 있어서 시인의 서글픈 마음을 잘 표현합니다.

"괴로운 날,
내 날이 연기 같고,
탄식소리,
훼방,
재, 눈물"

이처럼 문학의 언어는 상징성을 지닌 글이라고 할 수가 있습니다. 특히 시의 장르에서 상징은 매우 중요한 역할을 담당합니다. 흔히 주위에서 글을 잘 쓴다는 평가를 받는 사람들이 논술에서는 제 실력을 잘 발휘하지 못하는 경우가 있습니다. 그것은 문학의 언어와 논술 언어는 차이가 있기 때문입니다. 논술의 언어는 문학의 언어와 달라서 상징성 보다는 사물을 의식하고 자각하는 언어입니다. 이는 자기표현의 언어라고도 말할 수 있습니다. 따라서 높은 수준의 표현 능력을 배워야 하는 문학의 언어와는 달리 논술의 언어는 누구나 쉽게 적응할 수가 있는 도구입니다. 논술문을 작성할 때에 도움이 되는 문학 언어와의 차이점을 생각해 봅니다.

① 문학에서는 1, 2인칭의 표현을 주로 쓰나, 논술문에서는 3인칭 표현을 주로 사용합니다.

② 문학적인 문장을 만들기 위해서는 현재형이나 질문형 표현을 많이 사용하나, 논술에서는 과거형을 써서 보다 형식적인 문장을 많이 만들어야 합니다.

③ 문학에서는 추측성 및 감성적 표현을 많이 사용하나 논술은 탐구를 기초로한 명확한 분석과 체계적 검증 및 논리적 주장을 갖춘 명증한 글쓰기가 요구됩니다.

■ ■ ■ 논리 요해

문학의 언어와 논술 언어는 차이가 있습니다. 문학의 언어와 달리 논술언어는 사물을 의식하고 자각하는 언어입니다. 이는 자기표현의 언어라고도 합니다. 문학에서는 추측성 및 감성적 표현을 많이 사용하나 논술은 탐구를 기초로한 명확한 분석과 체계적 검증 및 논리적 주장을 갖춘 명증한 글쓰기가 요구됩니다.

논술을 위한 논리

● 그 이름을 만나라 하였으며

"그 이슬이 마른 후에 광야 지면에 작고 둥글며 서리 같이 세미한 것이 있는지라"(출 16:14)

"이스라엘 족속이 그 이름을 만나라 하였으며 깟씨 같고도 희고 맛은 꿀 섞은 과자 같았더라"(출 16:31)

"만나"는 출애굽 시기에 하나님께서 초자연적인 현상을 통하여 이스라엘 백성에게 허락하신 특별한 음식입니다. 이스라엘 백성들은 광야생활로 인하여 음식이 부족하게 되자 신광야에서 불평을 하였습니다. 그 때에 하나님께서 처음으로 만나를 이스라엘 백성에게 내려주셨습니다. 그것은 하늘로부터 비같이 내린 신비한 음식이었습니다. 이 신비한 음식에 대하여 출애굽기에서는 그 모양과 맛을 설명하고 있습니다.

본문에서는 사람들이 익히 아는 언어 표현들을 동원하여 만나의 모양과 맛을 서술하고 있습니다. 만나를 설명하는 데에 기호화된 문장을 얼마나 많이 나열하고, 얼마나 더 정교한 예들을 사용하느냐는 것 보다는 화자가 의도하는 만나라는 음식에 대한 개념을 이

제8장 논리와 문장

해할 수 있도록 객관적인 표현들을 사용하여 서술하고 있는 것이 특색입니다.

  설명문이란 이처럼 정보의 전달을 위하여 읽는 이들이 어떠한 사항에 대해 이해할 수 있도록 객관적이고 논리적으로 서술한 글을 말합니다. 따라서 설명문이란 독자의 의문이나 궁금증을 풀어주기 위하여 어떤 문제에 관해서 독자의 이해를 돕는 글쓰기라고 할 수 있습니다.

  설명문에서는 "동일성 확인"이라는 요소를 중요시합니다. 어떤 사물이나 사건에 대하여 설명하는 방법은 다양하지만 제일 단순하고도 여러 방법론을 흡수하는 중요한 요소가 바로 "동일성의 확인"입니다. 즉 "그것은 무엇인가?"라는 형식의 질문에 대한 답변 방법을 "동일성 확인"이라고 합니다. 출애굽기 16장에서는 "만나는 무엇인가?"라는 질문에 대답하는 것과 같은 형식의 글을 쓰고 있습니다. 이러한 서술 방법을 "동일성 확인"이라고 합니다. 또한 설명문은 자신이 알고 있는 지식[배경 지식]을 기초로 하여 글을 쓰게 됩니다. 그렇기에 평소에 독서를 하거나 시사상식에 관심을 갖는 것과 같이 배경지식을 넓히는 작업을 하는 것이 중요합니다.

  배경지식을 바탕으로 글을 쓴다는 점에서 설명문과 논술문은 공통점이 있습니다. 그러나 차이점도 있습니다. 설명문은 어떤 문제에 관해서 독자의 이해를 돕는 글쓰기인 반면에, 이 배경지식을 바탕으로 자신의 가치관에 따라 주관적 견해를 밝힌 것을 논술문이라고 합니다. 따라서 논술 준비는 배경 지식을 쌓는 일과 남을 이해시키는 것이 대단히 중요하기 때문에 배경지식을 표현하는 설명문의 훈련이 필요합니다.

■■■ 논리요해

설명문이란 정보의 전달을 위하여 읽는 이들이 어떠한 사항에 대해 이해할 수 있도록 객관적이고 논리적으로 서술한 글을 말합니다. 설명문에서 중요한 것은 동일성의 확인"입니다. 즉 "그것은 무엇인가?"라는 형식의 질문에 대한 답변 방법을 "동일성 확인"이라고 합니다. 논술에서는 배경 지식을 쌓는 일과 남을 이해시키는 것이 대단히 중요하기 때문에 설명문의 훈련이 필요합니다.

제8장 논리와 문장

올라가서 그 땅을 취하자 — 장면에 대한 지배적 인상(묘사문)

"당신이 우리를 보낸 땅에 간즉 과연 젖과 꿀이 그 땅에 흐르고 이것은 그 땅의 실과니이다 그러나 그 땅 거민은 강하고 성읍은 견고하고 심히 클뿐 아니라 거기서 아낙 자손을 보았으며 아말렉인은 남방 땅에 거하고 헷인과 여부스인과 아모리인은 산지에 거하고 가나안인은 해변과 요단 가에 거하더이다"

"우리는 능히 올라가서 그 백성을 치지 못하리라 그들은 우리보다 강하니라 하고 우리가 두루 다니며 탐지한 땅은 그 거민을 삼키는 땅이요 거기서 본 모든 백성은 신장이 장대한 자들이며 거기서 또 네피림 후손 아낙 자손 대장부들을 보았나니 우리는 스스로 보기에도 메뚜기 같으니 그들의 보기에도 그와 같았을 것이니라"

(민 13:28-29)

민수기에는 이스라엘 백성들이 가나안 땅에 들어가기 전에 정탐꾼을 보내는 장면이 있습니다. 모세가 각 지파 중에서 한사람씩을 택하여 12명의 정탐꾼을 바란광야에서 가나안 땅으로 보내어 40일 동안 젖과 꿀이 흐르는 약속의 땅을 정탐케 하였습니다. 40일이 지난 후 정탐군들이 돌아왔습니다. 정탐의 임무는 성공적으로 수행되었습니다. 모세를 비롯하여 이스라엘 백성들은 그들의 보고를 기다렸습니다. 그러나 뜻하지 않은 문제가 발생하였습니다. 왜냐하면 정탐꾼들 간에 보고가 일치하지 않고 있기 때문입니다.

먼저 보고를 한 10명의 정탐꾼들은 두려움에 사로잡혀서 사실들을 진술하였습니다. 우리는 본문에서 그들의 부정적인 견해를 엿볼 수가 있습니다.

그러나 10명의 정탐꾼들이 보고한 부정적인 견해와는 달리 갈렙은 여호수아와 함께 하나님께서 가나안 땅을 이스라엘 백성에게 주신다는 약속을 확실하게 믿고서 가나안 땅의 정복 가능성을 주장하였습니다.

"우리가 곧 올라가서 그 땅을 취하자 능히 이기리라"

정탐꾼들의 보고에 대한 백성들의 반응도 성경에 잘 묘사되어 있습니다. 즉 다수를 차지한 10명의 정탐꾼들의 보고만을 믿고서, 지도자에게 원망을 하는 것을 볼 수가 있습니다.

"온 회중이 소리를 높여 부르짖으며 밤새도록 백성이 곡하였더라 이스라엘 자손이 다 모세와 아론을 원망하며 온 회중이 그들에게 이르되 우리가 애굽 땅에서 죽었거나 이 광야에서 죽었더면 좋았을 것을"

제8장 논리와 문장

　동일한 사물을 관찰하고도 정탐꾼들의 보고처럼 관점에 따라 그 결과는 얼마든지 달라 질 수가 있습니다. 이 보고서는 묘사문이라는 글쓰기를 잘 보여줍니다. 사물의 현상을 관찰하여 그 인상을 감각적으로 그리는 서술의 한 양식을 묘사라고 하며, 이러한 방법으로 서술된 문장을 우리는 묘사문이라고 정의합니다.
　이 장면에서는 가나안 땅에 대한 자신의 주관적 느낌과 인상을 서술함으로써 보고자가 청중들과 느낌과 생각의 공감대를 형성하려는 의도가 강하게 나타나고 있습니다.
　이러한 정의를 기초로 설명문과 묘사문의 차이를 알 수가 있습니다. 설명문이란 대상에 대한 정보나 지식을 일반적 개념적으로 말하여 이해를 도와주는 글인 반면에, 묘사문은 배경 사물, 상황 등 대상의 특징을 지배적 인상으로 직감적으로 느끼고 생각하도록 보여주는 글을 말합니다. 그러므로 묘사가 완전한 것이 되기 위해서는, 그 장면의 지배적 인상이 분명하게 나타나도록 해야 하며, 묘사 내용의 역할이 무엇인가를 분명하게 인식하여야 합니다.
　정탐꾼들의 묘사가 각기 다른 것은 묘사문의 특성 때문입니다. 정탐꾼들의 보고내용은 가나안 땅에 대한 객관적 서술이 목적이 아니라 양쪽 다 지배적 인상으로 이스라엘 백성에게 무엇인가를 결단케 하려는 의도를 갖고 있기 때문입니다.

논술을 위한 논리

■■■ 논리요해

　사물의 현상을 관찰하여 그 인상을 감각적으로 그리는 서술의 한 양식을 묘사라고 하며, 이러한 방법으로 서술된 문장을 묘사문이라고 합니다. 묘사가 완전한 것이 되기 위해서는, 그 장면의 지배적 인상이 분명하게 나타나도록 해야 하며, 묘사 내용의 역할이 무엇인가를 분명하게 인식하여야 합니다.

달란트의 비유 — 사건의 기술 (서사문)

"어떤 사람이 여행을 떠나면서, 자기 종들을 불러서, 재산을 각 사람에게 맡겼습니다. 그 주인은 각 사람의 능력에 따라, 한 사람에게는 다섯 달란트를, 또 한 사람에게는 두 달란트를, 또 다른 한 사람에게는 한 달란트를 주고 떠났습니다.

다섯 달란트를 받은 사람은 곧 가서, 그것으로 장사를 하여, 다섯 달란트를 벌었습니다. 두 달란트를 받은 사람도 그와 같이 하여, 두 달란트를 더 벌었습니다. 그러나 한 달란트 받은 사람은 가서 땅을 파고, 자기 주인의 돈을 땅에 묻었습니다.

오랜 뒤에, 그 종들의 주인이 돌아왔습니다. 그리고 그들과 함께 맡긴 재물에 대하여 셈을 하게 되었습니다. 다섯 달란트를 받은 사람은 다섯 달란트를 더 가지고 와서 말하였습니다.

"주인님, 주인님께서 다섯 달란트를 내게 맡기셨는데, 보십시오, 다섯 달란트를 더 벌었습니다"

그러자 그의 주인이 그에게 말하였습니다.

"착하고 신실한 종아, 잘했다! 네가 적은 일에 신실하였으니, 이제 내가 많은 일을 네게 맡기겠다. 와서, 주인과 함께 기쁨을 누려라."

두 달란트를 받은 사람도 다가와서 말하였습니다.

"주인님, 주인님께서 두 달란트를 내게 맡기셨는데, 보십시오, 두 달란트를 더 벌었습니다".

주인은 그에게도 말하였습니다.

"착하고, 신실한 종아, 잘했다! 네가 적은 일에 신실하였으니, 이제 내가 많은 일을 네게 맡기겠다. 와서 주인과 함께 기쁨을 누려라"

그러나 한 달란트를 받은 사람은 나아와서 말하였습니다.

"주인님, 나는, 주인이 굳은 분이시라, 심지 않은 데서 거두시고, 뿌리지 않은 데서 모으시는 줄로 알고, 무서워하여 물러가서, 그 달란트를 땅에 숨겨 두었습니다. 보십시오, 여기에 그 돈이 있으니, 받으십시오"

그러자 그의 주인이 그에게 말하였습니다.

"악하고 게으른 종아, 너는, 내가 심지 않은 데서 거두고, 뿌리지 않은 데서 모으는 줄 알았느냐? 그렇다면, 너는 내 돈을 돈놀이하는 사람에게 맡겼어야 했다. 그랬더라면, 내가 와서, 내 돈에 이자라도 붙여 받았을 것이다."

그리고 주인은 그에게서 그 한 달란트를 빼앗아서, 열 달란트 가진 사람에게 주라고 명령하며, 말하였습니다.

"가진 사람에게는 더 주어서 넘치게 하고, 없는 사람에게서는 있는 것마저

빼앗을 것이니라. 이 쓸모없는 종을 바깥 어두운 데로 내쫓아라. 거기서 슬피 울며 이를 가는 일이 있을 것이다."

제8장 논리와 문장

달란트의 비유를 아십니까? 우리는 이 비유를 통하여 어떤 사람이 천국에 합당한 사람인지를 알 수가 있습니다. 또한 세상에서 우리 성도들이 삶 속에서 우선적으로 해야 할 사명이 무엇인지를 깨달아 알 수 있습니다.

이 비유에서는 하나님께 선한 자와 하나님께 악한 자라는 두 부류의 인간이 소개되고 있습니다. 다시 말하면 받은 바의 것, 곧 재물, 능력 등을 사용하여 이 세상에서 하나님이 기뻐하시는 열매를 맺는 자가 하나님께 선한 자라는 사실을 이 비유는 잘 말하여 줍니다. 이 말씀처럼 성도는 우리가 받은 것이 무엇이든지간에 받은 달란트를 잘 활용하여 하나님이 기뻐하는 열매를 맺도록 노력하여야 합니다. 그 때에 우리는 주님께 칭찬을 받게 될 것입니다.

그런데 이 달란트의 비유는 앞의 문장들과는 전개과정이 다릅니다. 즉 이야기체로 내용을 서술하고 있습니다. 내용적으로 보면 시작과 중간과 끝이 있습니다. 이러한 전개과정을 통하여 이유와 결과를 보여주는 글쓰기임을 알 수가 있습니다. 이러한 방법으로 서술한 글쓰기를 서사문이라고 합니다. 서사문의 특성은 다음과 같이 도식화할 수 있습니다.

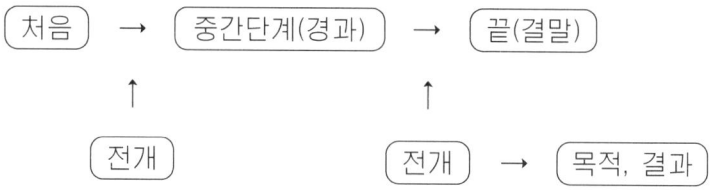

묘사문이 공간과 정지된 상황을 중심으로 하는 표현이라면, 서사문은 시간과 움직임을 중심으로 하는 표현입니다. 그렇기 때문에 서사문은 사건서술에 유익한 글쓰기라고 할 수 있습니다. 이러한 특성 때문에 서사문은 설화, 민담, 희곡, 소설, 동화와 같이 문예적인 장르에 대단히 유용한 글쓰기입니다. 그러나 서사문이 항상 허구적인 이야기만을 서술하는 것은 아닙니다. 전기, 역사적 일화, 신문기사등과 같이 정보제공 등을 목적으로 하는 경우에도 사용하기 때문에 서사문이 논리와 전혀 무관한 글쓰기라고 생각하는 것은 잘못된 생각입니다.

또한 서사문은 이야기 중심의 서술이기에 항상 길어야 한다고 생각하는 경향이 있습니다. 그러나 꼭 그런 것은 아닙니다. 다음의 "천국 비유"에 관한 말씀을 살펴보십시오.

> "천국은 마치 밭에 감추인 보화와 같으니 사람이 이를 발견한 후 숨겨두고 기뻐하여 돌아가서 자기의 소유를 다 팔아 그 밭을 샀느니라 (마13:33)"

이 구절은 서사문의 특성인 이야기 전개방식을 사용하지만, 단지 한 구절만으로 이루어진 비교적 짧은 문장의 글입니다.

서사문의 특성을 요약하면 다음 두 가지로 정리할 수가 있습니다.

첫째는 말하려고 하는 내용과 관련이 있습니다. 사건, 등장인물, 배경이라는 요소를 가지고 이 세요소가 상호작용을 하여 짜임새 있

제8장 논리와 문장

는 내용을 만들어 내는 글쓰기 입니다.

둘째는 이야기 전개방식과 관련이 있습니다. 단순한 사건 기술이 아니라 목적을 가지고 어떤 요구에 의해 창조적인 변천과정을 겪은 글쓰기임을 인식하여야 합니다.

이러한 과정을 거쳐서 서술된 서사문은 독자를 설득하는 효과를 갖고 있기 때문에 글쓰기에서 자주 사용하고 있습니다.

■■■ 논리요해

　묘사문이 공간과 정지된 상황을 주로 하는 표현이라면, 서사문은 시간과 움직임이 중심이 되는 표현입니다. 그렇기 때문에 서사문은 사건서술에 유익한 글쓰기라고 할 수 있습니다.

　서사문의 특성을 두 가지로 정리할 수가 있습니다.

　첫째는 내용과의 관련성입니다. 사건, 등장인물, 배경이라는 요소를 가지고 이 세요소가 상호작용을 하여 짜임새 있는 내용을 만들어 내는 글쓰기 입니다.

　둘째는 이야기 전개방식과의 연관성입니다. 단순한 사건 기술이 아니라 목적을 가지고 어떤 요구에 의해 창조적인 변천의 과정을 겪은 서술이라는 점을 인식하여야 합니다.

제8장 논리와 문장

귀히 쓰는 그릇이 되어 — 합리적 설득 (논술문)

"큰 집에는 금 그릇과 은 그릇뿐 아니라 나무 그릇과 질그릇도 있어 귀하게 쓰는 것도 있고 천하게 쓰는 것도 있나니 그러므로 누구든지 이런 것에서 자기를 깨끗하게 하면 귀히 쓰는 그릇이 되어 거룩하고 주인의 쓰심에 합당하며 모든 선한 일에 준비함이 되리라"
(딤후 2:21)

디모데후서는 사도 바울이 개인적 차원에서 영적인 아들 디모데에게 교훈과 권면을 남겨 복음 사역을 계승케 하려고 쓴 편지입니다. 우리는 디모데후서에서 "내가 선한 싸움을 싸우고 달려갈 길을 마치고 믿음을 지켰노라(4:7)"고 회고하는 복음사역자의 유언을 접할 수가 있습니다. 이 내용을 통하여 평생을 복음 사역에 헌신한 사도 바울의 고귀한 생애를 느낄 수가 있습니다.

디모데후서 중에서 2장 20-21절의 말씀은 성도가 귀히 쓰임받는 조건에 대하여 알려주고 있습니다. 결론적으로 성도는 개개인의 능력으로써가 아니라, 자기를 깨끗케 함으로써 귀히 쓰임 받는다는 사실을 이 구절은 설명하고 있습니다.

하나님께 귀히 쓰임받기를 원하는 성도라면, 이 영적인 원리를 잊지 말아야 합니다. 그런데 이 말씀을 눈여겨보면 앞의 문장들과는 다른 특색을 갖고 있습니다. 어떤 문제에 대하여 나름대로 주장을 내세워 합리적 설득을 하고 있습니다. 이 말씀은 다음과 같은 논증 단계를 거치고 있습니다.

> (가) 주인은 깨끗한 그릇을 귀하게 쓴다.
> (나) 주님도 깨끗한 사람을 귀하게 쓰신다.
> ─────────────────────────────
> (다) 따라서 귀하게 쓰임 받으려면 자신을 먼저 깨끗하게 하여야 한다.

이 글의 설득력은 저자를 잘 알고 있거나 바울의 사도적 권위 때문이 아닙니다. 확실한 근거를 바탕으로, (가)와 (나)에서 보듯이 논증이라는 과정을 거쳐서 내용을 조리 있게 전개하고 있기에 설득력이 있는 것입니다. 이처럼 글의 길이와 상관없이 자기의 의견을 조리 있게 펼쳐서 남에게 영향을 주려는 의도로 쓴 글을 논술문이라고 합니다. 논술의 정의를 간략하게 소개합니다.

"어떤 문제에 대하여 자기 나름의 주장을 내세워서 상대방을 합리적으로 설득시키는 글쓰기"

제8장 논리와 문장

이 정의에서 우리는 논술의 주요한 속성을 살펴볼 수가 있습니다.

첫 번째는 "어떤 문제"에 관한 것입니다. "어떤 문제"란 논술의 대상을 말합니다. 논술의 대상은 주로 관심거리가 될 수 있고 논란의 여지가 있는 것들을 의미합니다.

두 번째는 "자기 나름의 주장"과 관련이 있습니다. "자기 나름의 주장"이란 색다르고 남다른 의견을 말하며, 가치관 정립이 이루어진 글을 의미합니다.

세 번째로 "합리적 설득"에 관한 것입니다. "합리적 설득"이란 확실한 근거나 증거를 바탕으로 조리 있게 서술하여 상대방이 주장하는 바에 동의하거나 따라오도록 하는 것을 의미합니다. 여기서 합리적 설득이란 논리적이어야 하며 감정에 호소하거나 지연 혈연에 호소하는 설득방법과는 다른 것입니다. 따라서 이를 논증이라는 용어로도 표현합니다.

논술문과 설명문간에는 다음과 같은 주요한 차이점이 있습니다.

설명문은 해설에 주안점을 두고 있으나, 논술문은 입증하거나 합리화함으로써 독자가 동조하고 따라오도록 설득하는 기능을 가진 문장을 말합니다.

논술을 위한 논리

■■■ 논리요해

　어떤 문제에 대하여 자기 나름의 주장을 내세워서 상대방을 합리적으로 설득시키는 글쓰기를 논술문이라고 합니다. 논술의 주요한 속성은 다음과 같습니다.
　첫째는 논술의 대상은 주로 관심거리가 될 수 있고 논란의 여지가 있는 것이어야 합니다.
　둘째는 "자기 나름의 주장"으로 가치관 정립이 이루어진 글을 의미합니다.
　셋째로 확실한 근거나 증거를 바탕으로 조리 있게 서술하여 상대방이 주장하는 바에 동의하거나 따라오도록 하는 합리적 설득이 있어야 합니다. 이를 우리는 논증이라고 부릅니다.

제9장 논리와 표현

좋은 음식은 좋은 그릇에 담을 때에 그 맛과 향이 더욱 뛰어납니다.
논리도 마찬가지입니다. 훌륭한 논리적 사고도 논술문이라는 형식의
그릇에 담길 때에 더욱 의미가 있고 유용한 문장이 됩니다.
따라서 이 단원에서는 논리적 사고를 담는 주요한 형식에 대하여 생각하려고 합니다.
일반적으로 논리는 정서법, 구성, 어휘력, 단락 쓰기의 원리,
단계별 쓰기(서론, 본론, 결론 쓰기)의 원리, 깨끗한 글씨 등에 의해 결정이 됩니다.
따라서 논리는 아는 만큼 쓰고(내용), 또한 어떻게 쓰느냐(형식)에 따라서
그 효과와 결과가 달라질 수가 있습니다.
본 단원에서는 논리를 담는 그릇인 논술문의 형식과 글쓰기에 대하여 살펴보려고 합니다.
서론, 본론, 결론으로 이루어진 논술문의 형식을 따라
글을 쓰는 것을 번잡하게 느끼는 사람들이 있습니다.
그러나 그 형식을 체득 화하면 글의 논리는 더욱 살아나게 되고,
그리고 많은 사람들에게 감동을 줄 수가 있습니다.
논술문의 내용을 채우는 데 있어서 중요한 요소는 가치관을 정립하는 것입니다.
이것은 논리적 사고를 적용하는 관점과 깊은 관련이 있습니다.
그렇기 때문에 사고력 키우기가 우선 이루어져야
효과적인 논술문을 작성할 수가 있음을 먼저 강조합니다.
이 단원에서는 논술문의 형식인 서론, 본론, 결론을 따라서 글쓰기를 할 때에
알아야 할 기본적인 사항들을 점검해 보았습니다.
아무쪼록 논술문의 형식을 체득화하여 논리 표현에 도움이 되기를 바랍니다.

논술을 위한 논리

여호와는 나의 목자시니 — 문제 제기 및 주제 내세우기 (서론)

"여호와는 나의 목자시니
내가 부족함이 없으리로다
그가 나를 푸른 초장에 누이시며
쉴 만한 물가으로 인도하시는도다
내 영혼을 소생시키시고
자기 이름을 위하여 의의 길로 인도하시는도다
내가 사망의 음침한 골짜기로 다닐지라도 해를 두려워하
지 않을 것은
주께서 나와 함께 하심이라
주의 지팡이와 막대기가 나를 안위하시나이다
주께서 내 원수의 목전에서 내게 상을 베푸시고
기름으로 내 머리에 바르셨으니 내 잔이 넘치나이다
나의 평생에 선하심과 인자하심이 정녕 나를 따르리니
내가 여호와의 집에 영원히 거하리로다"(시 23)

"여호와는 나의 목자시니"로 시작하는 시편 23편은 많은 크리스찬들의 사랑을 받는 시입니다. 하나님을 목자로 표현하고 있는 이 시를 통하여 우리는 다윗과 하나님과의 신앙적인 깊은 내면세계를

제9장 논리와 표현

살펴볼 수가 있습니다. 청, 소년기에 다윗은 목자로서 양을 돌보았던 경험을 갖고 있습니다. 따라서 이 시에서는 하나님과 자신과의 특별한 관계를 목자와 양의 관계와 빗대어서 설명을 합니다. 이러한 설명을 통하여 하나님을 찬미하는 내용이 매우 새롭게 다가옵니다. 특별히 목자로서 그에게 베풀어주신 하나님의 은혜가 이 시에서는 잘 표현되어 있습니다. 하나님에 대한 신뢰와 주의 인도하심에 대한 확신이 목자의 속성과 잘 어우려져 있는 것을 봅니다.

이 시편 23편을 통하여 우리는 글쓰기에서의 서론의 중요성을 알 수가 있습니다. 이 시의 내용 중에는 목자와 관련 있는 표현들이 많이 나옵니다. 이 표현들을 정리하면 다음과 같습니다.

푸른 초창,
쉴만한 물가,
음침한 골짜기,
지팡이,
막대기 등등 ....

그러나 이러한 표현들이 의미를 지니는 것은 첫 문장과 밀접한 관련을 맺고 있기 때문입니다. 즉 "여호와는 나의 목자시니, 내게 부족함이 없으리로다"라는 명료한 주장 때문에 이시의 나머지 부분은 전체적으로 큰 조화를 이루고 있습니다. 따라서 주제를 내세우는 이러한 표현법은 이 시가 전체적으로 조화와 통일성을 갖게 하는 주요한 요인으로 작

논술을 위한 논리

용합니다.

  우리는 시편 23편에서 서론의 중요성을 알 수가 있습니다. 서론이란 글의 첫머리를 말합니다. 따라서 서론에서는 다루어야할 글의 방향을 잘 잡아주는 것이 중요합니다. 다시 말하면 서론이란 문제의 제기나 주제 등을 내세우는 단락임을 명심할 필요가 있습니다. 또한 서론에서는 전개할 내용을 암시하는 것도 좋습니다. 따라서 서론을 시작할 때에는 일반적 진술로 시작하더라도 논의를 좁혀 구체적인 방향을 제시해 주어야만 합니다. 그러나 상투적인 말투로 글의 방향을 제시하거나 상식적인 이야기를 길게 늘어놓아서는 결코 좋은 서론이 될 수가 없습니다. 논술문은 시와 산문 같은 문예문과는 달라서 객관적인 자세에서 글쓰기를 출발하여야 됩니다. 그리고 용어가 불분명하면 글의 전체 요지를 이해할 수가 없기 때문에 서론에서는 주요한 용어를 풀이하며 출발하는 것도 좋은 방법에 해당합니다.

> ■ ■ ■ 논리요해
>
>   서론이란 글의 첫머리를 말합니다. 따라서 서론에서는 다루어야할 글의 방향을 잘 잡아주어야 합니다. 서론에서는 문제의 제기나 주제 등을 내세워야 합니다. 따라서 서론에서는 전개할 내용을 암시하거나, 논의를 좁혀 구체적인 방향을 제시해 주어야만 합니다.

제9장 논리와 표현

아브라함이 이삭을 낳고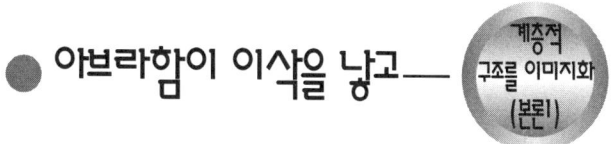

"아브라함이 이삭을 낳고 이삭은 야곱을 낳고 야곱은 유다와 그의 형제들을 낳고 유다는 다말에게서 베레스와 세라를 낳고 베레스는 헤스론을 낳고 헤스론은 람을 낳고"(마1:2,3)

신약성경의 첫 번째 책인 마태복음은 예수님의 계보로 출발을 합니다. "아브라함과 다윗의 세계라"라는 내용으로 시작을 하는 데, 여기에서 사용한 "세계(世系)"는 "인간 세상에서의 계보"라는 의미입니다. 그리고 2절부터는 구체적인 계보가 이어지고 있습니다.

낳고 --- 낳고 --낳고 로 이어지는 이 구절들을 읽다보면 의미 있는 말씀들인데도 머리에 빨리 들어오지 않습니다. 그러나 이 구절들을 다음과 같이 도식화하면 이해가 쉬어집니다.

아브라함 → 이삭 → 야곱 → 유다(다말) → 베레스 → 헤스론 → 람
                      ↓   ↓
                    형제들   세라

마태복음 1장에 나오는 이 족보들을 이해하기 위해서는 우리의 머리 속에 세대 간의 관계를 계층적 구조로 그려나가야 이해가 쉬워집니다. 복음서의 저자 마태도 이러한 계층구조를 인식하고 글을 쓴 것이 분명합니다.

이어지는 5절, 6절 말씀에서도 동일한 계층구조를 발견할 수가 있습니다.

"살몬은 라합에게서 보아스를 낳고 보아스는 룻에게서 오벳을 낳고 오벳은 이새를 낳고 이새는 다윗 왕을 낳으니라"(마 1: 5-6)

살몬 ⟩→ 보아스 ⟩→ 오벳 → 이새 → 다윗 왕
라합   룻

제9장 논리와 표현

논술문을 쓰는 목적은 개념을 명료하게 표현해서 독자에게 읽는 즐거움을 제공하여 독자를 설득하기 위해서입니다. 그러나 좋은 글을 쓰는 것은 결코 쉬운 일이 아닙니다. 좋은 글을 쓰기 위해서는 개념을 명료하게 나타내야 하며, 개념을 명료하게 나타내는 방법 중의 하나는 계층적 구조를 확실하게 이해하고 그것을 머릿속에서 이미지화 혹은 도표화할 수 있을 때에 가능한 것입니다. 이렇게 할 때에 독자는 그 글을 보고서 글쓴이가 의도하는 이미지를 만들어 낼 수가 있기 때문입니다. 또한 구조를 기호화하는 것은 누구에게나 어김없이 정확한 뜻을 전할 수 있는 장점이 있습니다. 글로 표현하면 길어지는 것을 도표화하면 한눈으로 전체를 보게 하여 이해에 도움을 줍니다. 이점을 이해하고 계층적인 구조를 파악하여 이미지화한 후에 글을 쓰는 훈련을 하여야 합니다. 글의 통일성을 중요시 여기는 논술문에서는 이러한 훈련은 대단히 요긴한 방법에 해당합니다.

본론의 특성을 덧붙여서 설명합니다. 본론이란 서론에 제시된 문제점들을 짜임새 있게 논술하여 결론을 이끌어 내는 일을 하는 단락을 말합니다. 문제점별로 주어진 자료를 분석하고 종합하여 조리 있게 논술함으로써 단락을 펼쳐 나가는 과정에 해당합니다. 그래서 본론은 글에 있어서 중요한 부분이며 글의 핵심을 이룹니다.

참고적으로 본론에서 제시할 내용을 다음에 정리하여 보았습니다.
① 사실을 제시하고, 그것에 대한 견해를 진술한다.
② 논거 제시를 통해 자기 견해의 정당성을 입증한다.

③ 자신의 견해를 뒷받침 해 줄 사실이나 예시를 덧붙인다.
④ 자신과 다른 견해나 주장을 열거하고, 자신과의 차이를 논한다.

> ■■■ 논리요해
>
>   본론이란 서론에 제시된 문제점들을 짜임새 있게 논술하여 결론을 이끌어 내는 일을 하는 단락을 말합니다. 문제점별로 주어진 자료를 분석하고 종합하여 조리 있게 논술함으로써 단락을 펼쳐 나가는 과정에 해당합니다. 그래서 본론은 글에 있어서 중요한 부분이며 글의 핵심을 이룹니다.
>   계층적인 구조를 파악하여 이미지화한 후에 글을 쓰는 훈련을 하여야 합니다.

제9장 논리와 표현

싸움을 돋우는 자가 있는데  연결성의 원리 (본론2)

"머리에는 놋 투구를 썼고
몸에는 비늘 갑옷을 입었으니 그 갑옷의 무게가 놋 오천 세겔이며
그의 다리에는 놋 각반을 쳤고
어깨 사이에는 놋 단창을 메었으니 그 창 자루는 베틀채 같고
창 날은 철 육백 세겔이며 방패 든 자가 앞서 행하더라"(삼상 17:5-7)

"그가 서서 이스라엘 군대를 향하여 외쳐 이르되 너희가 어찌하여 나와서 전열을 벌였느냐 나는 블레셋 사람이 아니며 너희는 사울의 신복이 아니냐 너희는 한 사람을 택하여 내게로 내려 보내라"(삼상 17:8)

골리앗은 블레셋의 장수입니다. 그는 이스라엘 백성과 군대에게는 아주 위협적인 존재였습니다. 그러나 물맷돌 몇 개를 가지고 여호와 하나님에 대한 신앙으로 무장한 소년 다윗에게 허무하게 쓰러져 버린 인물로 성경은 묘사하고 있습니다. 골리앗과의 싸움에서

승리한 다윗은 "사울이 죽인자는 천천이요, 다윗이 죽인자는 만만이라"는 소리를 듣게 되어 결국 사울왕에게 쫓기는 신세가 되고 말았습니다. 다윗이 쓰러뜨린 골리앗 장수에 관한 구체적인 묘사가 성경에 있습니다. 그는 가드 사람이며, 그의 키는 여섯 규빗 한 뼘이라고 설명하고 있습니다. 이어지는 그의 외모에 대한 설명을 살펴봅시다.

본문에서는 골리앗 장수를 묘사하면서 머리에서부터 다리까지 순서적으로 묘사를 하고 있습니다. 어깨 사이의 모습은 순서적 묘사가 끝난 다음에 서술하고 있습니다. 이처럼 어떤 순서를 따라 묘사하는 것을 연결성의 원리라고 합니다. 연결성의 원리란 소주제문을 이루는 단락들이나 문장들을 순리적으로 배열하여야 된다는 원리입니다. 다시 말하면 선택된 문장들을 적합하게 원리에 따라 배열해야 된다는 것입니다.

연결성의 원리에 사용하는 순서는 일반적으로 다음의 3가지 방식을 많이 사용합니다.

1) 시간적 순서에 따른 배열
2) 공간적 순서에 따른 배열
3) 논리적 순서에 따른 배열

첫 번째 원칙인 시간적 순서에 따른 배열구조는 서사문에서 많이 사용합니다. 그러나 논술문에서도 이 순서는 요긴할 때가 많습니다.

제14장 논리와 표현

복잡한 논리나 혼란스러운 논리를 정리할 때에 시간의 순서를 따라 점검하는 것은 대단히 효과적입니다. 정리한 요점에 시간적 순서가 적용되면 그 구조는 연속적인 단계를 보여주는 형식이 됩니다.

 두 번째 원칙인 공간적 순서에 따른 배열은 묘사문에서 많이 사용합니다. 이것은 눈으로 볼 수 있게 만들어 놓은 것을 글로 묘사할 때에 사용되는 대표적인 방법입니다. 즉 대상이 어떤 것이든 적절하게 세분화시켜 전체 속에 있는 부분을 보여주어야 할 필요가 있을 때에 사용합니다. 골리앗의 외모에 대한 설명도 이 공간적 순서에 따른 배열의 예입니다.

 다음 그림은 1700년전 한반도 정세에 관한 지도입니다. 이를 설명하기 위해서는 상황들을 이해할 수 있는 순서대로 진술하면 됩니다. 즉 처음에 방향을 정해서 설명해나가야 합니다. 동쪽에서 서쪽으로 혹은 위에서 아래로 일정한 방향을 지켜서 서술해 나가야 효율적이 됩니다.

 세 번째 원칙인 논리적 순서에 따른 배열이란 움직이는 사건이나 겉으로 드러난 모양을 나타내는 경우가 아닌, 추상적인 생각이나 뜻을 나타내는 경우에 자주 사용됩니다. 여기서 논리적이라는 것은 앞 뒤의 문장이 내용적으로 서로 모순이 없이 순리적으로 이어지는 것을 말한다.
　예를 들어 어떤 슈퍼마켓의 코너에 다음과 같은 항목의 물건들이 있다고 가정을 해 봅시다.

　(포도, 오렌지, 우유, 감자, 버터, 사과, 계란, 크림, 당근)

　이 슈퍼마켓에 있는 물건들을 보이는 대로 그냥 이야기하는 것보다는 각각의 단위별로 나누어 항목들을 나열하여 설명을 하면 논리적인 글이 되어 이해하기가 쉬워집니다.

　이 슈퍼마켓은　유제품은 (우유, 계란, 버터, 크림)이 있고,
　　　　　　　　과일은 (포도, 오렌지, 사과)가 있으며,
　　　　　　　　야채는 (감자와 당근)이 있다
　따라서 이 슈퍼마켓은 세 종류의 물건을 파는 작은 상점이다.

　이렇게 관계있는 항목끼리 묶어서 설명을 하면 이해가 쉬워집니다. 이러한 순서를 논리적 순서에 따른 배열이라고 합니다.
　말과 글은 표현 면에서 차이가 있습니다. 중요한 차이점은 연결 방법과 분절 방법이 다르다는 것입니다. 말에서는 짧은 문장으로 연결해 가는 것이 거의 문제가 되지 않습니다. 그러나 글에서는 분절과 연결을 표시해주어야 합니다. 따라서 "그리고, 그러나, 그런

데"와 같은 연결사에 의존한 표기가 유용합니다. 문장 간의 연결고리를 더욱 확고히 하기 위해서 "오히려" "그런 경우에" 등의 접속어구와, "이는" "이런" 류의 지시사와 "왜냐하면 --하기 때문이다"와 같은 말을 덧붙이는 것이 좋습니다. 이는 논리적 연결에서 접착제와 같은 구실을 하게 됩니다. 따라서 문장의 부드러운 연결을 위해서는 접속사와 조사 등을 적절하게 사용하여야 합니다.

> ■ ■ ■ **논리요해**
>
> 연결성의 원리란 소주제문을 이루는 단락들이나 문장들을 순리적으로 배열하여야 된다는 원리입니다. 연결성의 원리는 일반적으로 다음의 3가지 방식을 많이 사용합니다.
> 1) 시간적 순서에 따른 배열
> 2) 공간적 순서에 따른 배열
> 3) 논리적 순서에 따른 배열

논술을 위한 논리

● 여호와께 순종하면 — 통일성의 원리 (본론3)

"만일 여러분이 여러분의 하나님 여호와께 순종하고 내가 오늘 여러분에게 가르치는 여호와의 모든 명령을 충실히 지키면 여러분의 하나님 여호와께서 여러분을 세계에서 가장 뛰어난 민족이 되게 하실 것입니다.

만일 여러분이 여러분의 하나님 여호와께 순종하면 다음과 같은 복을 받게 될 것입니다. 여러분이 가정에서도 복을 받고 일터에서도 복을 받을 것이며 자손이 번성하고 농사가 잘 되고 가축이 증식하며 먹을 것이 풍성할 것입니다. 그리고 여러분이 하는 일마다 복을 받아 다 잘 될 것입니다.

여호와께서는 여러분을 치러 오는 여러분의 원수들을 여러분 앞에서 패하게 하실 것입니다. 그래서 그들이 여러분을 공격하려고 떼를 지어 쳐들어왔다가 사방 뿔뿔이 흩어져 달아날 것입니다.

여호와께서 여러분이 하는 모든 일에 복을 주셔서 여러분의 창고가 가득 차게 하실 것입니다. 이와 같이 여호와께서는 여러분에게 주실 땅에서 여러분을 축복하실 것입니다.

제9장 논리와 표현

만일 여러분이 여러분의 하나님 여호와께 순종하고 그분이 명령하신 모든 것을 지키면 여호와께서 약속하신 대로 여러분을 그의 거룩한 백성이 되게 하실 것입니다. 그러면 세상의 모든 민족이 여호와께서 여러분을 자기 백성으로 택한 것을 보고 여러분을 두려워할 것입니다. 여호와께서는 여러분에게 주겠다고 여러분의 조상들에게 약속하신 땅에서 여러분에게 많은 자녀와 수많은 가축과 풍성한 농작물을 주실 것이며 또 하늘 문을 열어서 철따라 단비를 내려 곡식이 잘 되게 하시고 여러분이 하는 모든 일에 복을 주실 것입니다. 그러면 여러분이 많은 민족에게 빌려 주기는 해도 빌리지는 않을 것입니다.

만일 여러분이 오늘 내가 여러분에게 가르치는 여호와의 모든 명령을 듣고 지키면 여호와께서 여러분을 머리가 되게 하고 꼬리가 되게 하지 않을 것이며 언제나 여러분을 높여 주실 것입니다." (신28: 1-10)

신명기 28장의 이 본문은 여호와의 말씀을 순종할 때에 받는 복에 대하여 설명을 하고 있습니다. 이 말씀에서 눈여겨 볼 것은 각 단락마다 여호와의 말씀을 들을 때에 받게 되는 복에 관하여 설명하고 있는 것입니다. 1-2절에서는 국민으로써 받을 축복에 관하여 말하고 있고, 3-6절은 생활에 있어서 형통하는 축복을 묘사하고 있습니다. 이어지는 7-10절은 전쟁에 대한 축복을 묘사하고, 마지막으로는 만국의 머리가 되고 꼬리가 되지 않게 하신다는 언약의 말씀을 소개하고 있습니다. 하나같이 주제인 "여호와의 말씀을 순종할 때에 받는 복"에 대한 설명들임을 알 수가 있습니다.

본론에서 중요한 것은 짜임새 있는 논증을 하여야 된다는 것입니다. 짜임새란 통일성의 원리라고 표현할 수가 있습니다. 통일성의 원리란 주제와 뒷받침 되는 내용이 하나가 되어야 한다는 것입니다. 이 원리는 만일 뒤의 서술 내용에 그렇지 못한 내용이 나타나면 통일성이 깨져서, 결국 그 소 주제는 잘 드러나지 못하게 됩니다. 통일성의 원리는 소주제와 내용적으로 일치되는 문장들만을 선택적으로 골라야 된다는 선택의 원리이기도 합니다.

통일성을 이루는 방법을 요약하면 다음과 같습니다.
(1) 소주제는 되도록 한정된 개념으로 정하는 것이 바람직합니다
 신명기 28:3-6에서는 "여호와의 말씀에 순종"보다는 더욱 한정된 개념인 "여호와의 말씀에 순종할 때에 나타나는 생활 속의 축복"들을 나열하고 있습니다. 이렇게 구체적이고 한정된 개념으로 정할 때에 논리표현에 통일성을 이루기가 용이합니다.
(2) 소주제는 되도록 단일개념으로 한정하여야 통일성을 이루기가 쉽습니다
(3) 소주제문은 되도록 간결해야 합니다.

(4) 목표하는 소주제만을 집중적으로 뒷받침해야 합니다.

만일 여러 속성들을 다루려면 여러 단락으로 나누어서 각 단락별로 관련있는 한가지의 속성들만을 소주제로 내세워 서술해야 합니다.

■ ■ ■ 논리요해

통일성의 원리란 주제와 뒷받침 되는 내용이 하나가 되어야 한다는 것입니다. 이 원리는 만일 뒤의 서술 내용에 그렇지 못한 내용이 나타니면 통일성이 깨져서, 결국 그 소주제는 잘 드러나지 못하게 된다는 원리입니다.

통일성을 이루는 방법은 다음과 같습니다.
(1) 소주제는 한정된 개념으로
(2) 단일개념으로 한정하여 통일성을 이루어야
(3) 소주제문은 간결해야
(4) 목표하는 소주제만을 집중적으로

논술을 위한 논리

너도 아름다운 땅에 이르게 하시나니 — 강조성의 원리 (본론4)

"네 하나님 여호와께서 너로 아름다운 땅에 이르게 하시나니
그곳은 골짜기에든지 산지에든지 시내와 분천과 샘이 흐르고
밀과 보리의 소산지요
포도와 무화과와 석류와 감람들의 나무와 꿀의 소산지라
너의 먹는 식물의 결핍함이 없고 네게 아무 부족함이 없는 땅이며
그 땅의 돌은 철이요
산에서는 동을 캘 것이라
네가 먹어서 배불리고
네 하나님 여호와께서 옥토로 네게 주셨음을 인하여 그를 찬송하리라"

(신 8:6-10)

신명기 8장에서는 하나님의 명령을 지킨 이스라엘 백성들에게 주시는 언약의 말씀이 나옵니다. 이제 이스라엘 백성들이 바라던 가나안 땅을 앞두고 성경에서는 이 땅의 아름다움에 대하여 이야기

제9장 논리와 표현

하고 있습니다. 시내와 샘이 흐르고, 밀과 보리의 소산지이며, 나무와 꿀의 소산지이며, 부족함이 없는 땅임을 하나하나 예를 들어 설명하고 있습니다. 황무지인 광야에서 살던 이스라엘 백성들에게 이러한 설명은 그 땅이 진정한 아름다움을 소유한 땅임을 알기에 충분한 설명입니다. 여기에서는 아름다운 땅에 관한 서술을 충분하게 하여 글쓴이의 의도를 충분하게 전달하고 있습니다.

이처럼 글의 주제 또는 소 단락에 나타나는 서술을 충분하게 또 두드러지게 하여 글의 의도를 분명히 하는 것을 강조성의 원리라고 합니다. 논술문과 관련하여서는 소주제를 독자에게 충분히 이해시킴과 동시에 설득할 수 있도록 뒷받침을 조리 있고 타당성 있게 해

야만 한다는 원리입니다.

일반적으로 강조의 효과는 다음 3가지 방식으로 나타납니다.
1) 서술 내용에 의한 강조
2) 서술 위치에 의한 강조
3) 표현 기교에 의한 강조 등이 있습니다.

그러나 논술문에서는 서술 내용에 의한 강조를 중요시합니다. 즉 타당성 있는 이유나 증거를 알맞게 보여주어야 독자를 납득시키는 효과가 생겨나기 때문입니다.

신명기 8장에서 보듯이 "너희들이 들어갈 가나안 땅은 아름다운 땅이다"라고 말하는 것만으로는 글쓴이의 의도를 충분하게 나타낼 수가 없습니다. 구체적인 사례를 들어 설명함으로써 그 땅이 진정으로 아름다운 땅임을 느끼게 하고 있습니다.

위치에 의한 강조는 글의 중요한 부분은 독자의 관심이 집중되는 자리에 두어야 한다는 원리입니다. 일반적으로 단락의 첫머리는 강조 효과가 가장 큰 자리이며 독자의 시선을 많이 받는 자리입니다. 단락의 끝부분도 다음으로 강조효과가 큰 부분입니다. 이 부분에서 읽기를 마친 내용은 독자에게 여운을 남겨서 오래 기억되는 효과가 있습니다. 그러나 논술문에서는 위치에 의한 강조법만으로는 충분하지 않습니다. 서술내용에 의한 강조가 동반되어야만 합니다.

글의 기교에 의한 강조는 반복법과 과장법등 여러 가지 수사기법의 사용에 관한 원리입니다. 특히 반복법은 의미적인 면에서 다시 풀이하여 강조하는 기법을 말합니다. 유의할 점은 반복법은 단순한

되풀이 해석이 아니라, 소주제를 다른 각도에서 풀이함으로써 심화 혹은 구체화하여 펼쳐나가야 한다는 점입니다.

> ■■■ 논리요해
>
> 글의 주제 또는 소 단락에 나타나는 서술을 충분하게 또 두드러지게 하여 글의 의도를 분명히 하는 것을 강조성의 원리라고 합니다. 논술문과 관련하여서는 소주제를 독자에게 충분히 이해시킴과 동시에 설득할 수 있도록 뒷받침을 조리 있고 타당성 있게 해야만 한다는 원리입니다.
>
> 일반적으로 강조의 효과는 다음 3가지 방식으로 나타납니다.
>   1) 서술 내용에 의한 강조
>   2) 서술 위치에 의한 강조
>   3) 표현 기교에 의한 강조

● 내 뜻에는 그냥 지내는 것이 복이 있다 —
내용의 요약과 주장의 강조 (결론)

고린도전서 7장 25-40절까지의 말씀에서는 미혼자의 결혼에 관한 바울 사도의 입장이 표현되어 있습니다. 먼저 처녀의 결혼 문제와 관련하여 "기혼자는 독신 생활을 구하지 말고 미혼자는 결혼 생활을 구하지 말라"고 함으로써 결혼 자체에 지나치게 연연하지 말 것을 권면하고 있습니다. 또한 주의 재림의 때가 가까웠으니 미혼자는 주를 기쁘시게 하기 위해 주의 일에만 골몰할 수 있지만 기혼자는 배우자를 기쁘게 하는 일로 마음이 나누이게 된다고 하여 독신의 유익성에 대하여 설명하고 있습니다.

또한 혼기가 찬 딸을 둔 부모에 대하여 다음과 같은 권면의 말씀도 있습니다.

"그러므로 만일 누가 자기의 약혼녀에 대한 행동이 합당하지 못한 줄로 생각할 때에 그 약혼녀의 혼기도 지나고 그같이 할 필요가 있거든 원하는 대로 하라 그것은 죄 짓는 것이 아니니 그들로 결혼하게 하라 그러나 그가 마음을 정하고 또 부득이한 일도 없고 자기 뜻대로 할 권리가 있어서 그 약혼녀를 그대로 두기로 하여도 잘하는 것이니라"

즉 결혼 자체가 중요한 것이 아니고 마음에 합당한 대로 행하라고 주장하고 있습니다. 그러나 38절과 40절에서는 미혼자와 재혼자의 결혼에 대하여 보다 분명하게 사도 바울의 입장을 정리하고 있습니다.

> "그러므로 처녀 딸을 시집보내는 자도 잘하거니와 시집 보내지 아니하는 자가 더 잘하는 것이니라 (고전 7:38)"

> "그러나 내 뜻에는 그냥 지내는 것이 더욱 복이 있으리로다 나도 또한 하나님의 영을 받은 줄로 생각하노라 (고전 7:40)"

이 글의 논증단계에서 바울 사도의 입장은 애매한 것 같습니다. 이것도 가하고 저것도 가하다는 주장에서 그의 애매성을 엿볼 수가 있습니다. 그럼에도 불구하고 이 글이 훌륭한 글임을 곧 알 수가 있습니다. 그것은 "그냥 지내는 것이 더욱 복이 있으리로다"라는 자신의 주장을 결론부분에서 확실하게 보여주기 때문입니다.

서론이 출발점이라면 결론은 도착점입니다. 그 사이의 과정은 합리적으로 서론에서 결론에 이르기 위한 방편에 해당합니다. 이것을 분명하게 인식할 필요가 있습니다. 따라서 서론에서의 문제 제기와 결론에서의 주장, 요약은 서로 긴밀한 유기성을 지녀야 합니다. 참고적으로 결론 쓰기에 앞서 서론을 다시 훑어보고, 서론에서 언급한 문장과 단어, 어구 등을 활용하여 글을 마무리한다면 좋은 글쓰기가 되리라 생각합니다.

결론이 갖추어야 할 요건은 대략 다음 3가지 정도라고 생각합니다.

① 본론에서 다룬 내용 가운데 중요한 것만을 간략하게 간추린다.
② 간추린 내용은 본론에서 이미 다루어서 드러난 것에 한정되어야 한다.
③ 글 전체의 요지를 간략하고 명확하게 파악할 수 있어야 한다.

결론은 본론을 서술하는 과정에서 밝혀진 주요 내용을 요약하면서 마무리 짓는 부분입니다. 따라서 결론만 보고도 이 글이 무엇을 서술해 왔는가를 알 수 있어야 합니다. 아무리 내용과 전개 과정이 좋더라도 끝맺음이 좋지 않으면 용두사미격의 글이 되고 말기 때문입니다.

많은 논술문을 살펴보면 결론을 너무 쉽게 처리한다는 생각이 듭니다. 이는 결론을 쓸 줄 모르거나, 아니면 논술을 빨리 끝내고 싶어서 주의를 기울이지 않거나, 혹은 시간이 모자라서 허둥대며 끝맺기 때문이라고 생각됩니다.

결론을 쓸 때 주의할 점은 먼저 간단명료해야 된다는 점입니다.

또한 새로운 내용을 늘어놓아서도 안 됩니다. 이점은 결론에서 중요한 사항이기에 반드시 주의하여야 합니다. 그리고 결론에서의 지나친 비판은 삼가야 합니다. 꼭 기억하시기 바랍니다.

제9장 논리와 표현

■ ■ ■ 논리요해

　내용과 전개 과정이 좋더라도 끝맺음이 좋지 않으면 용두사미격의 글이 됩니다. 따라서 좋은 결론을 갖추도록 노력하여야 합니다.
　결론이 갖추어야 할 요건은 다음 3가지로 요약할 수 있습니다.
　① 본론에서 다룬 내용 가운데 중요한 것만을 간략하게 간추린다.
　② 간추린 내용은 본론에서 이미 다루어서 드러난 것에 한정되어야 한다.
　③ 글 전체의 요지를 간략하고 명확하게 파악할 수 있어야 한다.

제10장 논술을 위한 생활속의 준비

준비라는 낱말의 사전적 의미는 미리 마련하여 갖춘다는 뜻입니다.
준비없는 실행이 실패로 이어지는 모습을 현실의 삶속에서 우리는 많이 보게 됩니다.
그래서 어느 분야를 막론하고 미리 준비하는 자세는 대단히 중요합니다.
운동선수들은 중요한 경기를 앞두고서는 미리 예방차원에서 준비운동을 꾸준히 합니다.
준비운동은 앞으로 큰 자극이 가해질 것이라는 예비신호로써
격렬한 주 운동시에 발생할 수 있는 부상을 예방하는 데에 엄청난 효과를 발휘합니다.
일본 프로 야구에서 활동하는 이승엽 선수는 경기에 나서기 전에
많게는 하루에 1000번이상의 배팅연습을 한다고 고백합니다.
이러한 훈련이 있었기에 아시아의 홈런왕으로 우뚝 설 수가 있는 것입니다.
훌륭한 군인이 되려면 평소에 훈련 받는 것을 게을리해서는 안 됩니다.
군인으로서의 행동을 미리 미리 훈련을 통해서 습득하고 준비할 때에,
군인은 전장에서 좋은 결과를 얻을 수가 있습니다.
다윗이 골리앗을 쓰러뜨릴 수가 있었던 것도 마찬가지입니다.
다윗이 양떼를 돌 볼 때에 물맷돌로 늑대를 물리치던 훈련이 되어 있었기에
조국을 위기에서 구해낼 수가 있었던 것입니다.
논리적 사고와 논술도 마찬가지로 준비가 필요합니다.
어느 날 갑자기 좋은 생각이 떠오른다고 해서 훌륭한 논술가가 되지는 않습니다.
생활 속에서 미리 미리 준비를 해야만 좋은 글을 써나갈 수가 있습니다.
따라서 이 단원에서는 논리 훈련과 관련하여
삶의 현장 속에서 준비하여야 될 것을 생각해 보려고 합니다.

그들의 열매로 그들을 알지니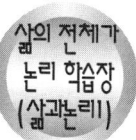

"거짓 선지자들을 삼가라 양의 옷을 입고 너희에게 나아오나 속에는 노략질하는 이리라
그들의 열매로 그들을 알지니 가시나무에서 포도를, 또는 엉겅퀴에서 무화과를 따겠느냐 이와 같이 좋은 나무마다 아름다운 열매를 맺고 못된 나무가 나쁜 열매를 맺나니 좋은 나무가 나쁜 열매를 맺을 수 없고 못된 나무가 아름다운 열매를 맺을 수 없느니라 아름다운 열매를 맺지 아니하는 나무마다 찍혀 불에 던져지느니라
이러므로 그들의 열매로 그들을 알리라" (마 7:15-20)

예수님은 이 땅에 살면서 많은 사람들에게 천국복음을 전파하였습니다. 하나님 나라에 대한 엄청난 진리를 모든 사람이 다 받아들일 수 있도록 전파하였습니다. 예수님의 비결은 무엇일까요? 그 비결은 생활 속에서 체험한 상황들을 이용하여 천국복음을 전파하였기에 가능하였던 것입니다.

본문 말씀에서도 이런 상황들을 엿볼 수가 있습니다.

"가시나무에서 포도를, 또는 엉겅퀴에서 무화과를 따겠느냐?"

단순한 논리이지만 모든 사람들이 아는 상황들을 통하여 하나님

나라의 진리를 선포하신 것입니다.

지혜로운 사람이라면 예수님의 이러한 모습을 본받으려고 노력할 것입니다. 사람들은 흔히 논술하면 틀에 짜인 글쓰기만을 연상합니다. 그리하여 그 틀을 익히는 데 모든 노력을 기울입니다. 그러나 논술을 잘하려면 그 틀보다는 풍부한 경험을 필요로 합니다.

지혜의 피라미드는 폭넓은 지식의 바탕위에 서게 됩니다. 밑변이 좁아지고는 피라미드를 만들 수가 없습니다. 인터디시플린(interdiscipline)이라는 말이 있습니다. 어떤 문제가 있을 때에 그것을 하나의 전문적인 분야에서만이 아니라 여러 분야의 상호 관계속에서 해결해야 한다는 관점에서 다양한 분야의 연구자들이 모여 검토를 거듭하는 것을 의미합니다.

논술은 연상이 풍부한 사람에게 유리한 글쓰기라고 할 수가 있습니다. 그렇기에 될 수 있는 한 넓은 분야에 걸친 지식을 경험하는 것이 좋습니다. "연상"이란 낱말은 결합(association)을 의미합니다. 개인의 두뇌 속에 쌓인 풍부한 경험들이 무의식 속에서 서로 결합되어 새로운 착상을 낳게 하는 것입니다. 따라서 생활 속에서 겪은 경험들을 의미 없이 지나쳐 버릴 것이 아니라 생활 자체를 소중하게 여겨야만 합니다. 지혜는 동전의 앞 뒷면과 같이 과거와 깊은 연관이 있습니다. 과거를 과거로만 묻어버리지 않고, 앞으로 나아가는 중요한 디딤돌로 활용할 때에 논술과 논리적 사고를 내 것으로 만들 수가 있습니다.

실제 자신들이 살고 있는 삶의 현장을 보듬어 안고, 자신의 당면

제10장 논술을 위한 생활속의 준비

문제를 언급하는 글이야말로 모든 사람들에게 감동을 주는 가장 좋은 글임을 기억하시기 바랍니다.

> ■ ■ ■ 논리요해
>
> 실제 자신들이 살고있는 삶의 현장을 보듬어 안고, 자신의 당면문제를 언급하는 글이야말로 모든 사람들에게 감동을 주는 가장 좋은 글임을 기억하시기 바랍니다.

논술을 위한 논리

● 이렇게 쓰노라 ─ 논리는 글쓰기 버릇에서부터 시작 (삶과 논리)

"평강의 주께서 친히 때마다 일마다 너희에게 평강을 주시고 주께서 너희 모든 사람과 함께 하시기를 원하노라
나 바울은 친필로 문안하노니 이는 편지마다 표시로서 이렇게 쓰노라
우리 주 예수 그리스도의 은혜가 너희 무리에게 있을지어다." (살후 3:16-18)

바울은 기독교 역사에 있어서 대단히 중요한 인물입니다. 다메섹 도상에서 예수님을 만난 체험 이후로 그는 복음 전도에 그의 생애를 바쳤습니다. 그의 생애 전체를 통해 "예수님은 그리스도이시다"라는 말과 「부활의 도(道) 전하기를 쉬지 않았던 전도를 위한 생애는 마지막 시대를 살아가는 우리 모두가 본받아야 할 생활이라고 생각합니다. 3차에 걸친 소아시아 전도여행으로 그가 가는 곳곳마다 많은 사람들이 그리스도께로 돌아오고 교회가 세워졌는데, 그것은 그의 능력이 아니라 그가 절대적으로 의지하는 그리스도의 능력이었습니다.

바울의 복음 전도에 대한 열정은 이렇게 직접 방문하여 복음을 전파하는 것에서 끝나지 않았습니다. 신약성경에는 27권중 서신

(Epistle) 혹은 "편지"(Letter)의 형태로 된 글이 21개나 됩니다. 이 중에서 바울사도의 이름으로 기록된 편지가 무려 13개에 이르고 있습니다. 이를 다시 바울 한사람으로만 발신된 것으로는 로마서, 갈라디아서, 에베소서, 디모데전서, 디모데후서, 디도서가 있고, 고린도후서, 골로새서, 빌립보서, 빌레몬서는 "바울과 디모데" 두 사람의 이름으로, 또한 고린도전서는 "바울과 소스테네" 두사람 이름으로 발신되었고, 데살로니가전서와 후서는 "바울과 실루아노와 디모데" 세사람의 이름으로 기록된 편지입니다.

바울 사도가 쓴 내용에는 주로 "무른 말씀", 즉 "밥이 아니고 젖"이라고 기록되어 있는 것과 같이 성경에 관한 지식이 적어 어려운 말씀을 소화하기 힘든 사람들이 이해해야하는 말씀들이 많이 들어 있어 오늘날까지 많은 성도들이 그의 글로 많은 은혜를 받고 있습니다.

이처럼 사도바울의 가르침이 외침으로써 끝나는 것이 아니라, 글로 남아 있어서 많은 사람들에게 지금도 큰 가르침이 되고 있는 것입니다.

논술을 잘하기 위해서는 사도 바울처럼 지속적으로 글 쓰는 버릇을 들여야만 합니다. 주의를 흐트러뜨리지 않는 장소를 골라 도움이 될 만한 생각들을 실제로 종이에 옮겨보는 습관이야말로 좋은 논술훈련이라고 생각합니다. 논술은 하루아침에 이루어지지 않습니다. 글쓰기란 천천히 진행된다는 것을 알고서 편안한 마음으로 임해야 합니다. 달리기 전에 준비운동을 하는 육상선수처럼 글을 쓰기 위해서는 심신 양면에 준비운동을 해야 합니다. 여유있는 마음으로 친구에게 보내는 편지를 쓰거나, 컴퓨터에 자신의 생각을 적어보거나, 좋아하는 시인의 시 중 마음에 드는 것을 읽어봄으로써 실제 글쓰기를 용이하게 할 수 있습니다.

그러기 위해서는 반드시 연필이나 볼펜을 들고 생활하기를 권합니다. 생활 속에서 문제가 발견되면 신랄하게 비판하고 대안을 적어두십시오. 가슴에 새겨둘 말이 있으면 기록하고 다시 한번 암기하도록 합시다. 느낌과 감동이 있으면 자기만의 언어로 흔적을 남겨두십시오. 이러한 훈련으로 인하여 논술에 대한 능력이 더욱 성장할 것입니다.

■■■ 논리요해

논술은 하루아침에 이루어지지 않습니다. 글쓰기란 천천히 진행된다는 것을 알고서 편안한 마음으로 임해야 합니다. 그러기 위해서는 반드시 연필이나 볼펜을 들고 생활하기를 권합니다. 생활 속에서 겪는 경험들을 자기만의 언어로 흔적을 남겨두십시오. 이러한 훈련으로 인하여 논술 능력은 더욱 성장할 것입니다.

알고 있는 바를 더 확실하게 — 생각하기로서의 글쓰기 (삶과 논리)

"우리 중에 이루어진 사실에 대하여 처음부터 목격자와 말씀의 일꾼 된 자들이 전하여 준 그대로 내력을 저술하려고 붓을 든 사람이 많은지라 그 모든 일을 근원부터 자세히 미루어 살핀 나도 데오빌로 각하에게 차례대로 써 보내는 것이 좋은 줄 알았노니
이는 각하가 알고 있는 바를 더 확실하게 하려 함이로라"(눅 1:1-4)

복음서의 저자인 누가는 의사였습니다. 그는 불행한 사람들, 즉 가난한 자나 소외당한 자들에 대한 인간적 공감을 가졌고, 다른 복음서 저자들보다 더 많이 기도에 대하여 언급을 했습니다. 그는 누가복음이라는 복음서와 사도행전을 기록하여 예수님이 하나님의 아들이며, 그리스도이심을 많은 사람들에게 전파하였습니다.

특히 누가복음의 서문은 신약성경에서 최고의 고전 헬라어로 기록되어 있고, 1장의 뒷부분과 2장에서 그 운율이 최고의 히브리어적 색채를 띠고 있으며, 또한 10장과 15-18장에 아름다운 비유가 사용될 정도로 풍부한 감정과 다양한 문학적 자질을 지니고 있습니다.

많은 글을 남기지는 않았지만 데오빌로에게 쓴 글을 통하여 예수 그리스도의 복음을 효과적으로 전달하였습니다.

　누가의 예에서 보듯이 글쓰기는 대단히 중요합니다. 어느 사람은 끊임없이 토론만 하려고 합니다. 그러나 글쓰기는 토론보다 더욱 깊은 사고 과정에 해당합니다. 우리는 우리의 생각을 종이 위에 써 봄으로써 최종 원고를 가시화할 수 있고, 그리고 생각을 분명하게 정리할 수가 있습니다.

　종이에 원고를 써본다는 것은 어떤 주제에 대해 더 깊은 사고를 포착하는 사고 과정임을 알고 결코 소홀히 해서는 안 됩니다. 글쓰기를 통해 자신을 살피고 내면을 성찰하는 기회를 갖게 되기 때문입니다. 이는 참으로 귀한 경험입니다. 글쓰기를 통해서 내면의 힘이 쌓여서 자신감있는 생활을 하게 되기 때문입니다.

　다음은 프랭클린이 제시한 논술에 유용한 3단계 모델입니다 (Creswell, 허출 옮김. 1997. 217).

　　1. 개요를 개발한다. -개요는 문장이든 , 단어를 늘어놓는 것이든, 혹은 생각을 그물망으로 그려놓은 것이든 상관없다.

　　2. 원고를 개발시키면서 생각을 바꾸거나 정렬시키고 개요 안의 문단을 통째로 이동시켜봄으로써 구조적 구성을 다듬는다.

　　3. 문장을 다듬는다.

제10장 논술을 위한 생활속의 준비

■■■ 논리요해

글을 쓴다는 것은 어떤 주제에 대해 더 깊은 사고를 포착하는 사고 과정임을 알고 소홀히 해서는 안 됩니다. 글쓰기를 통해 우리는 자신을 살피고 내면을 성찰하는 기회를 갖게 되기 때문입니다. 글쓰기를 통해서 내면의 힘이 쌓여 자신감 있는 생활을 하는 것이 가능해질 것입니다.

참고문헌

1. 성경
대한성서공회. 1964. 성경전서 : 개역한글.
대한성서공회. 1981. 공동번역 성서.
대한성서공회. 2006. 성경전서 : 개역개정 4판.

2. 국내저서
강승원. 2006. 푸른 숲 독서학교 이야기. 월드 북.
김광수. 1995. 전정판 논리와 비판적 사고. 철학과 현실사.
김기완. 2004. 지성인을 위한 기독교 변증. 하늘기획.
김만식. 1994. 논리산책. 집현전.
김용운 김용국. 1990. 재미있는 수학여행 : 논리의 세계. 김영사.
문정복. 1987. 언어와 논리. 형설출판사.
박동규. 1997. 글쓰기를 두려워 말라. 문학사상사.
서정수. 2004. 논리적인 글쓰기 -설명문과 논술문. 정음문화사.
소흥렬외 1994. 논술문 : 강의와 연습. 이화여자대학교 출판부.
쌍용그룹 홍보실. 1993. 탈 : 고정관념으로부터의 탈출. 도서출판 하우.
양진오. 1999. 산문의 수사학 : 글쓰기의 감각과 논리. 태학사.
위기철. 1992. 논리야 놀다. 사계절.
위기철. 1992. 반갑다 논리야. 사계절.
이정민. 1989. 의미론 서설. 집문당.
이정민. 2000. 언어학 사전. 박영사.
장석진. 1993. 정보기반 한국어 문법. 도서출판 언어와 정보.

참고문헌

정경일. 1966. 논리학이란 무엇인가? 지양사.
정병기. 2005. 사회과학 글쓰기-대학생을 위한 논문작성법. 서울대학교출판부.
조신권. 1999. 재미있고 신나는 성서의 세계. 아가페문화사.
주운조 편. 1995. 논리와 함께하는 화학이야기. 백양출판사.
한효석. 1998. 너무나도 쉬운 논술. 한겨레 신문사.
국립 국어원. 1999. 표준 국어 대사전. 두산 동아.

3. 해외 저서 및 번역본

Barbara Minto. 민혜진 역, 1996. 논리적으로 글쓰기, 논리적으로 생각하기. 더난출판사

Barker, Steven F. 최세만 이재희 역. 1986. 논리학의 기초. 서광사.

Berger, Fred R. 김영배 역. 1988. 논리학이란 무엇인가. 서광사.

Copi, Irving M. 1982. Introduction to Logic. Macmillan Publishing Co.

Creswell, John W. 허출 옮김. 1997. 논문을 어떻게 쓸 것인가. 청문각.

Haking, Ian. 선혜영 황경식 역. 왜 언어가 철학에서 중요한가. 서광사.

Hegel, George. W. F. 김소영 역. 2002. 논리학 서론 철학백과 서론. 책세상.

Jacques, Derrida. 남수연 역. 글쓰기와 차이. 동문선.

Jeffrey, Richard C. 이좌용 역. 1983. 형식 논리학 : 그 영역과 한계. 서광사.

Lappin, Shalom. 1996. The Handbook of Contemporary Semantic Theory. Blackwell.

Miller, Calvin. 채두일 역. 2002. 세상에서 가장 쉬운 설교 만들기. 청우

인지부착은
저자와 협의하여
생략하였음

성·경·속·논·리·따·라·잡·기
논술을 위한 논리

1999. 1. 25 초판 발행
2006. 9. 15 증보판 발행

지은이 신충훈
발행인 김영무

발행처 도서출판 아가페문화사
156-094 서울 동작구 사당4동 254-9
전화 3472-7252, 3 팩스 523-7254
등록 제3-133호(1987. 12. 11)

보급처 : 아가페문화사
156-094 서울 동작구 사당4동 254-9
전화 3472-7252, 3 팩스 523-7254
온라인 국민은행 772002-04-035329 (최순자)
우 체 국 011791-02-004204 (김영무)

정가 10,000 원

ISBN 89-8424-090-7 03170